Peter Paul Rubens

Für Weltrekruten

Peter Paul Rubens

Für Weltrekruten

ISBN/EAN: 9783743326569

Hergestellt in Europa, USA, Kanada, Australien, Japan

Cover: Foto ©ninafisch / pixelio.de

Manufactured and distributed by brebook publishing software
(www.brebook.com)

Peter Paul Rubens

Für Weltrekruten

Für
Weltrekruten.

— nam quid in hoc erroneo faeculo, de-
generes poffumus!

P. P. RUBENS.

WIEN,
beim Joseph Edlen von Kurzbeck.

1781.

§. 1.

Jn keinem Stand, welchen immer Sie
wählen, entgehen Sie einem Geschäft, das
dem schwankenden Jüngling nicht nur —
auch dem werdenden und dem reifen Man=
ne, wenn er nicht Sottisen auf Sottisen
begehn will, so wichtig wird — sich selbst
hofmeistern.

Und

4

Und in Folge der Bestimmung, die ihnen der Souverain und das Vaterland giebt, Untergebenen vorzustehen, verbindet sich damit: auch andere hofmeistern — zweites Geschäft, das wir so vielen mislingen sehn.

§. 2.

Wo Geschicklichkeit zum ersten fehlt, ist sie zum zweiten auch nicht zu gedenken. Menschen vorstehen — sie nach vorausgedachten Absichten führen, sezt Menschenkenntnis voraus; diese — Selbstkenntnis. Der zu träge, zu zerstreut, zu ignorant ist, seine eigenen Grundtriebe, Anlagen, Neigungen, Leidenschaften — kurz, sich selbst zu studieren: wird der in Schaaren das Menschenherz entfalten?

Also, von sich selbst ausgegangen — zuerst sich selbst studiert.

Das müssen Sie, wenn Sie ihr eigenes Wohl, und noch mehr, wenn Sie die Würde ihrer künftigen Bestimmung fühlen,

das

das ist — nicht unzähligmal düpe von eig=
nen Leidenschaften und Schwachheiten —
nicht stäts fort düpe von ihren Untergebe=
nen seyn wollen. Im letzten Fall wird
immer dem Staate schlecht gedient. Und
Sie, meine Herren — das nicht etwan
im vorbeigehn gesagt — sind ihm besser als
andre zu dienen, doppelt verpflichtet:
Soldaten, aus Fahnentreu; Zöglin=
ge des Staates, aus Dankbarkeit.

§. 3.

Aber wie sich ausstudieren — sich selbst
prüfen, in so mancherlei, überall verschie=
denen Situationen? Eine Frage, die der
Verlegenheit des jungen Menschen sehr na=
türlich ist. Ohne Weltpraktik, mit einer
sehr oberflächlichen Theorie des Sittlichen
und Nichtsittlichen, reiset er, eine magere
Landcharte in der Hand, die ihn über die
innere Verfassung unbefriedigt läßt. Aber
besser doch eine solche unvollständige Vor=
stellung, als gar keine. Und nichts mehr
auch, als eine solche Charte wird ihnen
hier vorgelegt — ihre eigene praktische

A 3 Tu=

Tugend, Pflicht und Rechtschaffenheits=
liebe, mag die nuzbringenden Anmerkun=
gen zur Theorie, in das Reisejournal ein=
schreiben.

§. 4.

Mit kernfestem Körper in ein unge=
wohntes Klima übersezt, und über die
Diät der Eingebornen ganz unbeküm=
mert, nach blossem Instinkt gelebt —
bald wird die Zuversicht des Sorglo=
sen, durch gänzlichen Verlust der Gesund=
heit gebüßt. So im Sittlichen. Mit
noch soviel Tugendliebe — diese Tu=
gendliebe thätig zugestanden — aus der
Erziehung die Weltbahn betreten; aber,
ob unsre Lebensart mit unsern Grundsätzen
übereinstimmt, wenig nachgedacht, nie das
Urtheil der Erfahrnen eingeholt, immer
nur dem Rathe des Herzens und der ju=
gendlichen Triebe nachgegeben — bald wird
diese Unbedachtsamkeit, durch Sottisen und
Folgen der Sottisen — zulezt oft durch
Verlust der Ehre gebüßt.

Der

Der nie kränklich war, hoft anhalten=
de Gesundheit unter jedem Himmelsstrich —
der gesittete junge Mensch schmeichelt sich,
bei jedem Zufall, unabwechselnder Tugend=
liebe. Aber im Gedränge zwischen dem
Gründlichen und Oberflächler, dem
Freundschaftsfähigen und Empfindler,
dem Heuchler und Tugendhaften, dem
Rechtschaffnen und Schurken, muß er
mit viel Behutsamkeit auf seinen Boden
sehn — ein unvorsichtiger Schritt nur,
und er ist verloren.

§. 5.

In der praktischen Moral läßt sich kei=
ne Regel von der andern trennen — alle
Moralitäten sind Kettenglieder, die
eines in das andere eingreifen, oder die
Kette hört auf Kette zu seyn.

Die Anwendung hievon : der feine
Denkungsart von einer moralischen Regel
abreißt, hält höchstens trumweise nur an
der andern, und der eine Pflichtbeobach=
tung vernachlässigt, wird bei Gelegenheit

auch

auch die zweyte, dritte Schuldigkeit auffer
Acht sezen — platt gesagt, der in einem
Fall von der Tugend bis zum Schurken
abweicht, wird in allen Fällen, die sein
Schurkeninteresse reizen, bis zum Galgen
und Rad verdienen, Schurke werden.

Diese allgemeine Bemerkung, über=
haupt zur Analysis und Generalformul
moralischer Aequationen.

§. 6.

Aber die Kette, dürfte mancher den=
ken, muß doch ein Anfangs=und Endglied,
bei der Arbeit des Schmiedes, wie beim
bloffen abzählen haben — etwas Gedult:
sie sollen, ohne daß ich zur Ausflucht die
Kette in einen Kreis gelegt annehmen
müßte, von der Richtigkeit der Verglei=
chung urtheilen.

§. 7.

Izt zur Grundursach, warum so we=
nig Jünglinge, von dem was sie sind

ein

ein richtiges Gefühl haben ; und
noch weniger Vorgefühl von dem, was
aus ihnen werden wird.

Immer schreiben sie eigener Wahl an,
was nur Folge der Erziehungsanstalt ist
— leidende Tugend , Unvermögen
Thorheiten und Laster zu begehn, die
ausser den Thatkräften eines Zöglings liegen. Und so sehn wir eben die muster-
haften Knaben, die der Schulruthe gegenüber voll Biegsamkeit waren, als Männer
ihre Untergeordneten aus Eigensinn drü-
cken ; andere, die unter guter Zucht ent-
haltsam schienen, in den ersten Tagen der
Freiheit Schwelger werden ; noch andere,
die überweise — auch ultra crepidam gegen Meister und Geschworne thaten, vom
Gefühl ihrer Insuffizienz zu einer Trägheit übergehn, die sich vom ersten besten
Hofmeister, der sich ihnen in den Weg
wirft, ganz gelehrig zurechte weisen läßt.
Alles Folgen jugendlicher Zuversicht,
die keinen Keim des Lasters in sich ver-
muthet — des Wahnes, es sey so leicht
ehrlich und rechtschaffen zu bleiben.

A 5

Guter

Guter Vorſaz findet ſich faſt bei al=
len — doch iſt er ſo wenigen hinlängli=
ches Präſervatif wider Schlechtigkeit.

Einen Blick in Jhr Innerſtes. Wel=
che Empfindungen ſtiegen da auf, wenn
Sie z. B. Verrätherei, Poltronnerie von
einem Offizier, in der Zeitung laſen, oder
erzählen hörten? — Abſcheu ſicher. Wie
iſt es möglich, dachten Sie, einen ſo
ſchlechten Streich zu begehn? — wie
kann ein Offizier ſich ſo tief herabwürdi=
gen? Aber ebendieſes — wie iſt das
möglich? dachte der ſittenloſeſte Tauge=
nichts, eh' er es ward, vielleicht ſelbſt auf
dem Wege ſchon es zu werden, auch; und
das oft bei minderſchlechten Handlungen,
als ſie mancher in ſeinen Erziehungsjahren
ſich erlaubt, der darum noch nicht unter
die Böſeſten gerechnet wird. Wer giebt
Jhnen das Recht zu glauben, daß nur Sie
— Zöglinge gegen Ende des XVIIIten
Jahrhunderts, dieſes: wie iſt das mög=
lich? mit mehr Erfolg denken ſollten,
als ſoviel andere, eine lange Reihe von
Jahrhunderten es dachten, die von der
                                    beſten

beſten Erziehung aus, nur wenige Pauſen
unter böſen Geſellſchaften und Beiſpielen
gemacht, zur Feſtung — zu Rad und
Strang reif wurden.

§. 8.

Glauben Sie mir — weiterhin dürft'
es allgemeiner bewieſen werden — all
dieſe Unglückliche, ſind wie ſie, unſchuldi-
ge Kinder geweſen — brachten aus der
Erziehung Tugendliebe mit in die Welt
herüber; denn Hochverrath und Deſertion
können doch keine dem Menſchen angebor-
ne Triebe ſeyn. Nur ein Modekaſuiſt,
wird alle ſeine Schwachheiten und Thorheiten — woher immer er ſie hat — mit
dem Temperament entſchuldigen wollen.
(§. 53.)

§. 9.

Dem Uebergang alſo, von Unſchuld
bis zur Fertigkeit im Laſter nachgeſpürt —
um ſich her genau zugeſehn, wie mancher
Jüng-

Jüngling von sittsamer Eingezogenheit,
bis zur unverschämtesten Frechheit herab-
sinkt; und sie werden sich überzeugen,
wie Tugend nach und nach, nicht sprung-
weise weicht. Immer hat auch der La-
sterhafteste noch nicht den Muth sich für
das zu halten, was er wirklich ist. Bei
dieser Furcht sich selbst zu sehn — wer
da nicht vor dem ersten Anlauf böser Anlockungen sich hütet, nicht auf Tugender-
haltung äußerst wach ist — das ist, nicht
an die Möglichkeit glaubt ein Bösewicht zu seyn, läuft eben dadurch Gefahr
es zu werden — wird es wohl gar, wenn
nicht Glück und Zufall seine Tugend retten. So dankt mancher seine Ehre nur der
geraubten Gelegenheit sie zu verlieren —
ohngefähr so, daß er z. B. eben den Tag
auf Kommando mußte, auf den er schon
Spiel- und Saufbrüdern den Handstreich
für eine partie de plaisir gegeben hatte.
Getrennt von der saubern Gesellschaft,
bleibt er dasmal gelegenheitlich ein ehr-
licher Mann.

§. 10.

§. 10.

Urſprünglich iſt es immer Selbſttäuſchung — Furcht ſeine wahre Geſtalt
nicht ſchön genug zu finden, welche die
Menſchen erſt fehlgleiten, und dann ſtür-
zen macht.

Entweder hat Zuverſicht das Auge ſchon
ſo ſehr umnebelt, daß wir nichts mehr an
uns Fehler finden ; oder wir halten
kleine Uebertretungen der Moral für
unbedeutend, daß wir ganz vom Pfad
abkommen, und endlich den Weg der Tugend unerſteiglich halten — gefährlicher
Irrthum der ſchon Sittenanbrüchigen ; oder
wir ſehn, im vollen Glauben an unſere
eingebildete Fähigkeiten, mit ſtolzem
Achſelzücken auf alle übrige, arme Erden-
ſöhne herab, begehren keinen Rath,
oder verachten ihn, wo er ſich anbietet
— lezte Augenkrankheit des hofnungslos
Verdorbenen, der ſeinen Zuſtand nimmer
gewahr wird, bis er den Kopf gegen die
Wand rennt. Wunden, auf ſolche Art
geſchlagen, ſind oft unheilbar.

§. 11.

§. 11.

Was Selbsttäuschung gerathen — auszuführen, den ersten Schritt schon gethan hat, wird Eigenliebe immer vertheidigen. Ihr wird es leicht, Strenge, in der aufs äusserste gebrauchten Obergewalt des Humoristen und Menschenfeindes, zu Diensteifer; Nachläßigkeit, Dienstindifferentisen des Trägen, Unthätigen, Feigen, in Nachsicht und Menschenliebe umzustimmen — für alles den Namen, den man wünscht, zu finden. Und so ist in der Natur kein Ehrgeiz, keine Habsucht, keine Verschwendung mehr — der Eigendünkel lispelt Ehrliebe, Industrie, Freigebigkeit heraus.

§. 12.

Nun zum Resultat aller dieser Betrachtungen. Jeder sollte selbst es finden — wie wenig auch thätige Tugendliebe dem Jüngling den Mangel der Experimental = Selbst = und Weltkenntnis ersezt — ihm Sicherheit giebt, daß

daß er rechtschaffen zu seyn nie aufhö-
ren, ohne erfahrnen Führer eignem
Rath überlassen, Selbsttäuschung und
Eigenliebe, immer glücklich genug im
Hinterhalt entdecken wird.

Abgeführte Husaren fallen noch in Hinterhalt — um so behutsamer müssen Re-
kruten um sich her sehn.

Dieses zur Warnung der Weltrekruten, sich an die Marschroute zu halten,
die ihnen hier ausgesteckt wird — in der
That noch der kürzeste, gemächlichste, so-
gar angenehmste Weg, auf dem man den
Gefahren der Selbstblendung ausweicht,
Selbstkenntnis erwirbt, und mit ihr die
unentbehrliche Wissenschaft: Sich und
andere hofmeistern.

§. 13.

Da das grosse Geheimnis erworbener
und erhaltener Tugend, in der Wahl un-
sers ersten Umgangs nichtweniger liegt,
als es währender Knabenjahre, an unsern
guten

guten oder schlechten Erziehern lag ; so
fällt es auf : daß Sie vorzüglich den
Umgang solcher Personen suchen müssen, die in Jahren und Rang höher
sind. Dies jedoch nicht so buchstäblich,
nach grauen Haaren und Chargenstufen —
ganz nur nach dem guten Rufe verstanden.
Ist dieser den grauen Haaren vorhergegan-
gen — desto besser : sind die Chargenstufen hinter dem Verdienste zurückgeblieben,
so vergißt die Welt selten den Mann, der
die Preisfrage aufgelöst, und den Mann,
der die Medaille durch Weiber und Kam-
merdiener Vermittlung davongetragen hat,
nebeneinander zu nennen. Hiemit allem
Misverstande vorgebogen.

§. 14.

Auch zeigt das Nebenwort vorzüglich,
genug an, daß diese Maxime dem Jüngling keineswegs alle Gesellschaft gleich-
jähriger, mit ihm einerlei Bahn lau-
fender Jünglinge versagen will. Die
Urmaxime aller Maximen:
— dum

— dum vitant — — vitia
In contraria incurrunt,

ſchließt ſchon den Gedanken aus.

Im Gegentheil, Beiſpiel gegen Bei⸗
ſpiel gehalten, wirkt Beſcheidenheit und
reifer Geiſt des zwanzigjährigen, auf den
zwanzigjährigen mehr, als ebendieſelben
Tugenden des Bejahrten — wenigſtens iſt
er hier näher aufgefordert, ſicht eine Aus⸗
nahme vom Privilegium toll zu handeln,
das der Wahn des Pöbels jungen Leu⸗
ten beilegt. Die Umſtände ſind hier gleich
— keine Vernunft die mit dem weiſſen
Barte, ohne eignes Zuthun wachſen mußte
— ernſthaft geredet, nicht einmal mehr
Gelegenheit Erfahrungen zu ſammlen, die
dem Trägen einen Schein von Entſchuldi⸗
gung übrig läßt, wenn er hinter dem Bei⸗
ſpiel zurükebleibt.

Dieſe beiſpielgebenden Jünglinge,
ich geſteh' es, ſind unter dem, was uns
beim Eintritt in die Welt aufſtößt, eben
nicht die zahlreicheſte Klaſſe. Sie aufzu⸗

B   ſuchen

suchen ist jedoch das Mittel ganz leicht — unterscheiden Sie diejenigen, die bei Männern von Rang und Jahren in gutem Rufe stehn, und wählen Sie nie auf Empfehlungen der Unerfahrnen.

§. 15.

Der Fall des Gedränges zwischen dem Gründlichen und Oberflächler u. s. w. (§. 4.) wäre hier auch nicht. Denn durchdringende Tiefsicht fordert es wahrhaftig nicht, daß Sie an ihrem Wohnort, unter dem Regiment wo Sie eintreten, den jungen Mann von wahrhaft gutem Ruf, aus allen seinen Gegenfüßlern, dem Schwarm der unter den pöbelbeliebten Ehrentiteln, Bonvivant, galanter Mensch u. s. w. das Pflaster tritt, leicht unterscheiden. Nur immer den Tadler und den Empfehlenden erst selbst beobachtet.

Ich meine damit nicht, daß ein junger Mensch, um den Bezirk seiner ersten Beobachtungen auszudehnen, von einem

Kaf=

Kaffeehaus ins andere laufen, und die ganze Gegend umherpilgern wird. Zerstreuungen dieser Art sind schon Nachläufer von Selbsttäuschungen, und Vorläufer bald folgender Sottisen. Allenfalls finden wir unsern Mann auch näher.

Glauben Sie mir es keck — die über Pflichtbeobachtung oberflächlich hingehn; im Fall der Pflichtverletzung leicht Scheingründe finden sie zu entschuldigen, gar aufmuntern sich nicht viel daraus zu machen; vom Dienste kaum auf dem Paradeplaz, von Verwendung gar nie, immer nur von Spaziergängen, Visiten, Spiel und Zeitvertreib reden — diese sind schlechterdings die Gegenfüßler von den Beispielgebenden. Die hingegen über Pflichterfüllung — um so mehr Vernachlässigung, ein wenig mit ihnen rigorisiren; wohl auch ungescheut Wahrheiten ganz nach ihrer Eigenliebe hinlegen, nur zur Erholung, nicht als wesentliches Geschäfte des Lebens, Visiten machen, spazieren gehn — dieses sind die Männer,

B 2   deren

deren Umgang Sie gegen Selbsttäu=
schungen sicher stellen wird. In der
That, Merkmale genug, an denen der an=
gehende Weltmann unterscheiden kann,
wen er aufsuchen, wen er fliehen soll.

Privatinteresse und Handwerksneid
widersprechen zwar oft dem Ruf von Gei=
stesfähigkeiten, und verdunkeln gern auch
die schönsten Handlungen; aber doch
wagt es der entschlossenste Unwürdige nicht,
den gesezten Ehrenmann einen Taugenichts
zu schelten — etwa der Proselytenmacher
der Lüderlichkeit wird ihn für einen Pin=
sel halten, der das Leben nicht besser zu
geniessen weiß. Ein Unterscheidungszei=
chen mehr also, wer in gutem Rufe steht —
derjenige nämlich, der den Beifall der
Gegenfüßler nicht erhält.

§. 16.

— Aber werden Höhere in Rang
und Jahren, sich mit jungen Leuten
auch abgeben wollen?

Der

Der Einwurf ist nur scheinbar. Ent=
gegenstürzen — sich eine Gnade daraus
machen Sie in ihrer Gesellschaft zu sehn —
das werden sie nun freilich nicht; aber
stürzen Sie sich ihnen entgegen — das
will sagen, zeigen Sie Begierde guten
Rath anzunehmen, durch die Folgbarkeit,
mit der sie ihn benüzen. Von dieser
Seite angekündigt, werden diese Höhern
in Rang und Jahren, so wie ich immer sie
verstehe, ihnen nicht ausweichen — gern
sich finden lassen. Diese wollen überall,
wo sie können, Gutes stiften, und sie sind
gegen gelehrige Jünglinge leutselig, weil
sie wissen, daß sie belehren — auch aus
dem Wege der Verführung auf wahre
Weltkenntniß zurückbringen — aus dem
Verderben, dem sie entgegen eilen, retten
— hauptsächlich Gutes stiften ist. Keine
That, die dem Menschenfreund mehr Trost
gewährt, als andere vom Bösen ab=
halten, sie zum Guten führen. Er arbei=
tet damit nur seinem eignen Vergnügen,
seiner Selbstgenügsamkeit, die er in nichts
anderm finden kann, entgegen — sorgen
Sie nicht, daß Männer dieser Art, dem

B 3   edeln

edeln Beſtreben um ihren Umgang ſich ver-
ſagen werden.

Naſeweis aber mit Schulbiktaten —
allenfalls etwas ſpäter hinaus auch mit
Brochürenexzerpten, dem Erfahrnen Kollegien leſen, den Agreablen, Bonmoti-
ſten, Importanten (*) ſpielen wollen
— damit würden Sie nun freilich, auſſer
wo gleich für gleich zu Hauſe wäre, manche Thüre verſagt finden.

§. 17.

Dieſer Umgang, wie ich ihn anrathe,
iſt (§. 12.) zugleich als der gemächlichſte
und angenehmſte geprieſen, den Gefahren
der Selbſttäuſchung — im Vorbeigehn
geſagt, alſo auch der Nachgiebigkeit gegen Verführung auszuweichen — Verführung hier im ganzen Umfange des Be-
grifs genommen.

Ohne

(*) Homme du jour, maniéres aiſées, und
anbere Sinonimen aus dem Wörterbuch der
Müſſiggänger damit zu vergleichen.

Ohne weiteres Vordemonstriren, überlaß' ich jedem, dem Begriffe zergliedern,
vergleichen, verbinden, folgern, nicht fremde Wörter sind: ob er sich verdorbene Sitten denken kann, ohne vorhergegangene
Nachgiebigkeit gegen Beispiel und Selbsttäuschung — ob nicht Versuchung, Widerstand, anhaltende Versuchung und endlich
schwächerer Widerstand, überall in der Geschichte der verlornen Tugenden steht?
Keinen Verführer neben sich, ist schon
viel gewonnen — hier hätten wir Beispiel und Rathgeber.

§. 18.

Selbst von der geringsten Seite seines
Werthes genommen, bietet ein solcher Umgang unstreitig auch mehr Aussicht auf
Unterhaltung und Vergnügen an, als
junge Leute jungen Leuten sie verschaffen
können. Und wenn man doch Zerstreuungen sucht, sollte man wenigstens soviel
Geschmack haben, die von der bessern Gattung vorzuziehn.

Bei

Bei Höhern in Rang und Alter — solchen, die schon eine Zeitlang mit der Welt fortgelaufen sind, werden Sie — um mich eines Kunstwortes des Bonton zur willfährigen Beherzigung zu bedienen — doch eher, was man une maison bien montée heißt, antreffen, als bei solchen, die kaum anfangen sich in Equipage zu se=zen. Im Durchschnitt genommen also, könnte die Haushaltung eines Hauptmanns — und so weiter aufwärts — doch besser seyn, als die Haushaltung eines Fahnen=kadeten, oder Fähnrichs. Und so, unterdessen daß andere mit ihren Kameraden, in einem picque-nicque für schlechte Zubereitung ihr écôt zahlen, und sich am Morgen schämen zu gestehn, wo sie den Abend zubrachten, könnten Sie bei besser gewähltem Umgang, an eine reinlichere Tafel geladen werden, und wenn die Gelegenheit so kommt, daß es keiner Pralerei gleichsieht, auch sagen, daß Sie die Ehre hatten, von der Gesell=schaft zu seyn. Ohne Trivialität gesagt — Höhere haben mehr Gelegenheit ihr Haus angenehm zu machen, als Niedere.

§, 19.

§. 19.

Caeteris paribus — möchten die Diſ=
kurſe wohl auch unterhaltender ausfal=
len. Erzählungen von Schulſtückchen, ad
nauſeam wiedergekäut, Barbiers = und Fri=
ſeurszeitungen, können eine unverdorbene
Neugierde unmöglich eben ſoviel reizen,
als Anekdoten, die der Mann, der ſelbſt
in Geſchäften gebraucht wird, oder mit
andern, die gebraucht werden, doch in
Verbindung ſteht, Ihnen, wenn er darf,
und Sie damit belehren kann, entweder
ſelbſt erzählen, oder wenn andere erzählen,
durch ſein Nichtwiderſprechen ſtillſchwei=
gend beſtätigen wird. Nach den logiſchen
Sätzen von Wahrſcheinlichkeit, die Sie in
der VIIIten Klaß gehört haben, wären die=
ſes Urkunden.

Menge und Gehalt nach, müſſen Sie
dieſe urkundengleiche Anekdoten eben
hier — nicht von Leuten erwarten, die
ein Halbjahr vor ihnen als Zöglinge einer
ähnlichen, oder geringern Erziehung aus=
getreten ſind.

B 5 Auch

Auch was nicht Erzählung ist, wird
von der vierzigjährigen Erfahrung anders,
als von der zwanzigjährigen, behandelt.
Wer also doch einmal auf lehrreiches Ge-
spräch und unterrichtende Gesellschaft aus-
gehn will, wird so mit wenig Mühe Beobachtungen einsammlen, die nichts weniger, als das Resultat eines zwischen
Verdienst und Ehre verlebten halben Jahrhunderts sind — Versuche und Studien
sich eigen machen, die dem tiefdenkenden
Kopf, der sich ihnen unter den Freuden
der Gesellschaft und der Tafel mittheilet,
schlaflose Nächte kosteten. So viel Unterschied macht die Viertelstunde, die im Kaffeehaus verspielt, mit der, die im Kreise
der Weisen und Guten gelebt wird.

§. 20.

Daß der gepriesene Umgang unmittelbar, oder doch entfernt, auf ihre Beförderung führen müste — dieses hätte seine guten Ursachen, dächt' ich. Vorher
müssen doch diejenigen, die zur Beförderung beitragen sollen, den, der befördert
wer=

werden will, erst nach seinen natürlichen
Gaben und nach seinem sittlichen Werthe
kennen — versteht sich, daß nur Vereini=
gung edler Fähigkeiten in grosser Summe,
die Wahl entscheidet. Ich sage edler Fä=
higkeiten; denn es giebt auch unedle, die
zuweilen zu Beförderungen führen, wie
die z.B. eines Vergnügensrathes, Ohren=
bläsers, Denunzianten — Leute, die man
verachtet, aber braucht, weil sie einmal in
der Welt und zu Diensten gut sind, die
man von andern nicht fordern mag: Von
Wegen solcher Art, ist hier nicht die Rede.
Nach der Schätzung, welche Sie zu erhal=
ten wünschen könnten, gewinnt natürlich
derjenige den Vorschritt, der Vorgesetzten
durch sich selbst, oder durch Empfehlungen
vortheilhaft bekannt wird — hier aber
möchten Gunst und Protektion der jungen
Herren vom besten, galantesten Zuschnitt,
eben nicht ausgeben.

§. 21.

Versuchen wir's, und verpflanzen un=
sere Brochürengelehrten, Kaffeepolitiker,
und

und die noch traurigere Gattung Wißlinge, die ihren Geist im Marionettentheater pr. 7 Kreuzer kauft, einmal auf fremden Boden — gegenüber Männern — Vorgesetzten, wie so ganz ausser ihrem Element, Fisch im Sande — mit der Breterbühne, auf der sie sich herumtummelten, die ganze Beredsamkeit dahin! In der That nichts sittsameres dann, als diese Menschen, die sonst so laut waren. Und immer genug Vortheil für uns, die wir Tugend lieben, aus dem Umgange der Höhern und Bejahrten — soviel Stunden hier zugebracht, eben soviel Stunden weniger gehörter Sottisen, und — vorausgesezt, was tägliche Erfahrung bestätigt, daß der unbedeutendeste, verächtlichste Mensch zum Verführer gelehrt genug ist — eben soviel Jahre weniger begangener Sottisen.

§. 22.

Was hier gesagt worden ist, könnte nur für den einen Kommentar nothwendig machen,

machen, dem alles Text ist. Also nur bei
dem Vielschwäzen stehn geblieben.

Was Zöglinge gelernt haben, ist ihnen
natürlicherweise von andern gelehret wor=
den, welche die Erziehungsjahre schon weit
hinter sich hatten: Ergo, was Sie —
im Durchschnitt genommen — beim Ein=
tritt in die Welt vorperoriren mögen, ha=
ben andere, und ganz wahrscheinlich einige
von den Gegenwärtigen, vorher schon ge=
wußt. Sie sagen also nichts neues —
hiemit wenig Interessantes — hiemit
das Klügste, aus Schweigen Vortheil
zu ziehen. Ein Vortheil, der in der That
leicht zu berechnen ist: der Redner entle=
digt sich nur seiner Gemeinörter — der
Zuhörer sammelt fremde Weisheit ein.

§. 23.

Sehr viel Gründlichkeit in verschiede=
nen Materien, kann man nun doch unmit=
telbar aus der Erziehung nicht mitbrin=
gen; und mit ex omnibus aliquid, macht
man wenig Glücke mehr. Dergleichen Par=
tei=

teigängerbeute, aus Almanachen und Sack=
wörterbüchern, zum dritten= und zehnten=
mal geraubt, ist dem Schiedrichter von
gründlich wissen und oberflächlich wissen,
schon so oft vorgekommen, daß das Ge=
werbe altgedienten Buchverlagslieferanten
mislingt — was könnten Sie Weltrekru=
ten davon erwarten? Und — wenn's auch
dem innern Gehalt nach besser wäre —
ein und anderes, was man mittelst guter
Verwendung aus den Studien bringt, her=
unterrezitirt — wieder von vorn ange=
fangen — immer das nämliche: überle=
gen Sie, ob so was für eine Gesellschaft
unterhaltend werden kann?

§. 24.

Der Fall, daß Sie im grossen Haufen
auf Leute treffen, die im Wissenschaftlichen
um mehr Jahre hinter ihnen zurück sind,
muß Sie nicht dreiste machen. Immer
werden, während Sie diesen alten Knaben
Kollegien geben, besser unterrichtete Män=
ner da stehn, denen die Vorlesung überflüs=
sig wird. Bei Zuhörern dieser Gattung,

die

die mit dem Vorsprung gesammleter Erfahrungen, die Materien aus ihrem Schulkurs eben auch nicht vergessen haben, kann nie viel Bewunderung ihres Erwerbs — oft, wenn hie und da eine Blöße durchschimmert, sehr ungünstiger Argwohn wider ihre übrige Kenntnis entstehn. Schade! daß dieser junge Mensch mit seiner Weisheit so vorlaut ist — so denkt auch der Nachsichtigste.

Glauben Sie mir, Unwissenheit ist weniger dem Tadel ausgesezt, als eingebildete Wisserei. Steht es doch nicht jedem an der Stirne geschrieben, ob seine Ignoranz eigene Schuld, oder ob sie Mangel an Erziehung — gar Frucht der schiefen Schulmethode ist; aber im entscheidenden Tone reden, wo man die Materien kaum schülerhaft einsieht — das kündigt feierlich den in Selbstgenügsamkeit schwimmenden Gecken an. Wer hat ihn gerufen — heißt es da — warum muß er andern vorgreifen, sich in Dinge mengen, die nicht sein Fach sind?

Nicht

Nicht sein Fach sind — darunter versteh ich auch Kenntnisse, die zwar dem Rock, den wir tragen, angehören; aber darum doch nicht mit dem ersten Port d'Epee gekauft — erst durch Diensterfahrung unser Fach werden. Ein junger Mensch sollte, wenigstens so lang die erste Ausmusterungsuniform noch nicht abgenützt ist, vom Metier doch in keinem andern Tone sprechen, als beiläufig der sich prüfen läßt, oder um Erläuterung bittet : mit den gewöhnlichen Wohlredenheitsflöskeln der unreifen Dozenten — ich sage, meine Meinung ist, das hab ich mein Lebetage nicht gesehn, ja, wenn ich was zu sagen hätte, so müste mir u. s. w. mit all diesen und ähnlichen wird man immer — so hart der Ausdruck lauten mag, ist er doch richtig — sehr naseweis da stehn. Die Ankündigung eines langweiligen oder naseweisen Menschen aber, wäre weder schmeichelhaft, noch gäbe sie schöne Aussichten auf Bewillkommung.

§. 25.

§. 25.

Ein Umgang, wo der gefühlte Werth
der Männer, die wir vor uns haben, ein
zurückdrückendes Gewicht auf die Zunge
des Vielschwäzers legt, kann uns tausend
Verlegenheiten ersparen, die jedem, der
neu in die Welt eintrit, natürlich aufstof-
sen müssen, weil er nicht jeden Familien-
und Amtszusammenhang, jede zufällige
Verbindung und persönliche Freundschaft,
sittliche und unsittliche Theilnehmung —
kurz, das so mannichfaltig verflochtene In-
teresse jedes Gliedes der Gesellschaft ein-
sehn, oder aus dem Stegreif ausnehmen
kann. Je mehr wir schweigen, destowe-
niger laufen wir Gefahr zu beleidigen, oder
was eben soviel ist, uns Abneigung, Miß-
gunst zuzuziehn. Das wird der Fall des
plauderhaften Jünglings, noch öfter als
der Fall des plauderhaften Mannes. Immer besteht sein bester Vorrath doch aus
den Neuigkeiten des Tags — also Kritiken, Nachreden mitunter, bei denen man
sehr oft das herrliche Sprüchwort: il ne
faut pas parler de corde dans la maison

C   d'un

d'un pendû, vergißt, deſſen Rang unter
den Klugheitsregeln ich nicht beſtreiten
wollte. Denn ſo ziemlich erlaubt es wäre,
von einem Aufgeknüpften zu ſagen, daß er
am Galgen hängt; — was weis ein jun=
ger Menſch immer, wer an denen, die
unterm Galgen geſtanden ſind, oder hätten
ſtehen ſollen, Theil zu nehmen Urſach haben
mag?

§. 26.

Auch Zerſtreuungen, und Folgen der
Zerſtreuungen, wird dadurch vorgebogen,
daß wir unſern Umgang wählen. Sie hin=
dern immer die Selbſtkenntniß; denn ſich
ausſtudieren, und zerſtreut ſeyn, läßt ſich
doch wohl nicht vereinigen.

Alles liegt hier im Misverſtand,
zwiſchen Zerſtreuung und Erholung.
Letztere fängt nach vollbrachter Pflichtsar=
beit an, ſchließt ſehr ernſthafte Betrach=
tungen nicht aus, wenn ſie ſich da, wo
wir nur Vergnügen ſuchten, anbieten, und
iſt oft nur eine abgewechſelte Arbeitſam=
keit,

keit, so unbeschäftigt Körper oder Geist dabei scheinen mag : die erstere Scheu aller Pflichtsarbeit — Müssiggang, so feurig immer die Zeit hingetrieben wird. Den ganzen Tag im Galop herumjagen, bis zur Müdigkeit eines Tagelöhners Billardspielen u. s. w. benähme denn nichts vom Begrif des Müssigganges, so wenig als beim Kaminfeuer sizen und schlafen, dem von der Arbeitsamkeit, versteht sich, daß wir dadurch nicht Geschäfte fliehen, nur für neue Geschäfte neue Kräfte sammeln.

§. 27.

So viel Betrachtungen unter sich verglichen, ist die Gesellschaft, in die ich Sie bringen will, dem Triebe jedes Menschen nach Glück und Zufriedenheit gemässer, als der Umgang mit jungen Leuten, der im besten Fall daß er nicht gefährlich ist — doch auf nichts führet.

Die erste Veranlassung zu Beförderungen, wenn nicht die Beförderung selbst,

C 2   liegt

liegt doch immer am Beifall der Obern, nicht am Beifall der Jahr und Chargeka= meraden. Wie aber wollten Sie den Bei= fall ihrer Vorgesetzten erwerben, wenn Sie ihrem Umgang ausweichen? Ihrer Abnei= gung werden Sie sich aussezen, falls man sie in keiner bessern Gesellschaft, lediglich nur mit ihres gleichen sieht — dieses, lediglich, nach dem erklärt, was (§. 14.) von gutem Ruf und beispielgebenden Jüng= lingen gesagt worden ist.

Lassen wir es für einen Augenblick, und wenn man will, für immer gelten: es sey Vorurtheil, wenn Vorgesetzte von dem jungen Menschen, der sich nur an andere junge Leute hängt, nicht viel günstiges ur= theilen — Wahrheit alles, was neunzehn= jährige Philosophie und vierzigjährige Lü= derlichkeit, an einem Chef zu reformiren findet; so behält es doch seine gute Er= fahrungsrichtigkeit, daß die luftigen jun= gen Herren, denen es nicht in ihre Vor= gesezte sich hineinzudenken belieben will, hinter andern, die den alten pedan= tischen Maximen sich fügen, bei jeder Ge= legen=

legenheit zurückbleiben. Freilich sezt sich
da roher Unverstand mit einem — was
schert's mich — über allen Beifall und
über alle Drohungen weg. Hier war von
Beförderung die Rede. Leute dieser Art,
entschädigt die Glückseligkeit sich recht lu-
stig zu machen für alles — auch ist für
dergleichen Varietäten der Menschengattung hier nicht geschrieben; ich überlasse
sie Wundärzten, Spitalvätern, Kerkermei-
stern — wie das treffen mag — sie nach
geendigtem Experimentalkurs ihrer Glücks-
und Zufriedenheitslehre, in den gemeinen
Weltweg zurückzuleiten.

§. 28.

Auf diesem gemeinen Weltweg fortge-
gangen, wird für jedes Geschäfte des Lebens Gemüthsruhe — ein kummer-
und sorgenfreier Geist vorausgesezt.
Aber wie sich Kummer und Sorgen ent-
schlagen, wenn's — Dank den schönen
Gesellschaften — nun endlich an Gesundheit, Geld, guten Namen, Wolmeinung

der

der Vorgeſezten — an einem oder dem andern — oder gar an allen zugleich ge= bricht?

— Mit Philoſophie etwan?

Aufrichtig zu bekennen, wollt' ich für die Gemüthsſtärke ſolcher Philoſophen, die von einem Beluſtigungshaus ins andere, Straſſen auf Straſſen ab peripathetiſiren, eben nicht die Hand ins Feuer legen. Wenn es aber doch philoſophirt ſeyn muß — nun denn, unter der Bedingung, daß man ſeine Unglücksfälle, nicht als ſelbſt veranlaßte, zugezogene und verdiente Folgen freier, gewählter Thorheit, betrach= ten darf und muß. — unter dieſer einzi= gen Bedingung, daß es wahre Unglücks= fälle ſind, will ich es zulaſſen, daß man ſeinen Boethius im Sack, über den rau= hen Pfad mindertraurig ſich fortarbeitet. In Fällen dieſer Art betrit der Schuldloſe wohl ein Schaffot, ohne daß ihn ſeine Ge= müthsruhe verläßt. Aber welch ein Ab= ſtand von dem Manne, der in ſeinem Un= glück ſich ſelbſt nicht verachtenswerth —

frei

frei in seine Seele schaut, auf den Mann, den Jugendthorheiten — Lüderlichkeiten nur verlassen, ohne daß er ihnen absagt, in dessen Busen jede Leidenschaft, die ihn zu Schaden führte, noch lodert, dem es nur an Mitteln fehlt, seiner, für versagtes Laster nur heisser, glühenden Phantasie nachzuhandeln. Wie der über verlorne Gesundheit, Schulden et caetera, et caetera — sich durchphilosophiren wird, möchte der Philosophie mit grossem Unrecht zur Last gelegt werden; denn Betäubungsmittel — der Trost, der aus Weinschläuchen geschöpft wird, sind doch nicht Philosophie.

§. 29.

Weichen wir daher den Gelegenheiten aus — die Philosophie mag uns oft ganz gut kommen; aber besser doch immer, wenn wir sie nicht bedürfen.

So würde der Umgang mit Höhern und Bejahrten, durch ausgeschlossene kleinere

C 4

nere Fehltritte, manche Quelle des Kummers und der Sorgen, schon im ersten Ursprung verstopfen. Schulden zum Beispiel. Denn, daß der bei gleicher Einnahm weniger ausgiebt, als ein anderer, auch mehr pr. Kaſſa behalten muß, iſt eine ganz richtige Berechnung — hiemit die §§. 27. 26. 18. und meinetwegen bis zum 1ten zurück verglichen, können Sie leicht die Konſequenz abſtrahiren.

§. 30.

Noch eine Haupttugend mehr, wird durch dieſe glückliche Geſellſchaft in Gang erhalten. Ich meine die Dankbarkeit. Der junge Menſch, der Höhere und Bejahrte aufſucht, legt damit Tugendeifer an Tag, folglich Gefühl — dieſem Gefühl entgeht nicht, daß dieſe Höhere und Bejahrte, beim Umgange mit ihm jungen Menſchen, kein perſönliches Intereſſe haben können — Unterhaltung dabei nur ſoviel gewinnen, als ein ſtarker Schachſpieler mit einem Anfänger — die Freude nämlich, ihm das Spiel zu lehren.

Kein

- Kein Laster wird aus so allgemeiner Einstimmung verachtet, als der Undank — das wissen wir alle. Entschiedene Taugenichtse, Schurken der niedrigsten Gattung, die schon soweit gekommen sind, daß sie ihre Lüderlichkeiten sich zur Ehre rechnen, braufen noch bei dem Vorwurf der Undankbarkeit auf — stoßen Spiesgesellen, die ihren Begriffen nach unerkenntlich waren, aus ihrem Clubb, als Leute, auf die nicht zu zählen ist. Hierin hat der ehrliche Mann und der Räuber, nur einerlei Grundsaz.

Von Moral präscindirt, ist Dankbarkeit auf Zins gelegtes Kapital — eine Hypothek, die Kredit macht. Almosen und Geschenke giebt man wohl Leuten, die nichts hypotiziren können; aber nicht Kredit — wer wird, wer kann auch soviel Almosen und Geschenke geben, als bei gleichem Vermögen Kapital anlegen! Das Gleichnis auf die Fälle von Dienstleistung, Willfährigkeit, Unterstüzung, Wolthat angewendet, berechnen Sie: was man gegen den, von welchem Undank zu

er=

erwarten iſt, auszuüben wagen wird? —
Wohlthätigkeit höchſtens, das iſt eine
Gattung Almoſen gegeben, und hiemit
abgefertigt. Immer ſchließt der Begrif
von Undank, den von Schadenzufügung,
wo nicht der Wirkung doch dem Willen
nach, in ſich; daher daß ſo manches Herz
ſich dem Leidenden verſchließt, ſelbſt guter Menſchen, die mit der That belohnt,
nicht ſo genau auf den lauten, lärmen-
den Dank rechnen.

§. 31.

Ich rede hier durchaus nur von wah-
rem Undank, ſo wie nur von wahrer
Dankbarkeit. Denn daß Tartüffen durch
ein hämiſches: es iſt ein Undankbarer,
den ehrlichen Mann, dem ſie aus uned-
ler Abſicht dienten, und ihn dann nicht
genug Knecht finden, immer mit dem beſten Erfolg vernichten — dieſes zur Warnung, damit Sie ihre Protektionen wählen — nicht Dienſte von aller Welt
annehmen.

Men=

Menſchen in die Gelegenheit bringen,
ihre Pflicht zu thun ; ſo verſteht es der
Tugendfreund, wenn er Dankbare zu ma=
chen wünſcht — dieſe Pflicht gethan, iſt
der Dank, der Welt und ihm zugleich ab=
geſtattet. Für Geken, wenn man ſie doch
braucht, Weihrauch ſoviel ihre Naſe faßt
— die Männer, deren Empfehlungen Sie
ſich verdienen, die Gelegenheit ihnen dank=
bar zu werden ſuchen müſſen, verlangen
ſo was nicht. Neues Ergo für die Vor=
theile, die der Umgang mit den Edeln
und Guten gewährt.

§. 32.

— Aber vom 13ᵗᵉⁿ §. daß dieſer Um=
gang mit Höhern in Rang und Jahren;
als der geradeſte Weg zur Selbſtkenntnis
empfohlen worden iſt, nun ſchon der 32ᵗᵉ;
und doch bisher nur Nebendinge — nichts
das unmittelbar auf dieſe Selbſtkenntnis
führte? Der an Ort und Stelle kommen
will, antwort' ich, mus einmal den Weg
abgehn, die Herberge wird ihm nicht vor
die

die Füsse laufen. Begnügen Sie sich vor=
izt, daß ihnen eine Marschroute ausge=
steckt wird, die ihnen wenigstens wahr=
scheinlich die kürzeste und angenehmste
scheinen könnte — bald sollen Sie füh=
len, daß Sie dem Ziele näher sind. Vor=
her nur noch einige Verhaltungspunkte,
damit Sie nicht vom ausgesteckten Wege
in Nebengraben abkommen.

Sollten Sie jedoch von allem, was
hier gesagt wird, und von allen Morali=
täten, die ihnen von jeher vorgetragen
worden sind, keinen Saz sich angelegen
seyn lassen — nur aber diese einzige
Regel, des Umgangs mit Höhern und
Bejahrten, sich gegenwärtig halten; so
schelten Sie mich einen Lügner, wenn
Sie nicht gut dabei fahren — dieses gut
fahren, sittlich und weltlich verstanden.
Auch wenn hin und wieder der jugendliche
Fuß ausgleiten sollte, steh ich dafür, daß
Sie bald wieder aufrecht auf ihren Bei=
nen dastehn sollen. Alles dieses nur aus
der fremden Kraft, die unbemerkt um sie
her wirkt.

§. 33.

§. 33.

Ich gebe zu, daß diese ungleichen Ge=
sellschaften auch ihre beschwerliche Seite
haben, wie alles in der Welt sie hat.
So kommt z. B. die Reihe zum miträ=
sonniren an die jungen Leute seltener, wo
Alter und Weißheit den Ton giebt. Sie
geben hier gleichsam nur die Teller, um
andere speisen zu sehn — desto besser,
der Page wird in seinen reifen Jahren
manierlicher essen, als der Bauer vom
Pfluge weg zum gnädigen Herrn aufge=
stuzt, oder mit glatten Worten eben das
gesagt — eben hier ist es, wo man sei=
ner Zunge Einhalt thun, sich bemeistern
lernt.

§. 34.

In der That sind dergleichen Neben=
rollen, die man anfangs in der Gesell=
schaft spielt, die beste Weltschule. Ohn=
gefähr was man mit den Edelknaben, in
ihrem ersten Ursprung, zur Absicht haben
mochte — aus der stummen Person, durch
lange

lange Gewohnheit des Theaters, einen Akteur zu bilden.

Hiebei nicht zu vergessen, daß stupides und beobachtendes Schweigen, unterschieden werden muß.

Ueberhaupt, in allem keine Extremitäten. (§. 24.) Zuviel Schwatzen, und abgeforderte Antworten schuldig bleiben, ist hier der Fall — die glückliche Mittelstrasse hingegen, wenn man, wo sich nun eben die Gelegenheit anbietet, die gute Verwendung seiner Schuljahre, sein Antheil Mutterwitz, allenfalls auch etwas Erfahrung, aus seinen Reden durchschimmern läßt. Immer viel gewonnen, wenn man sich nicht schief ankündigt.

§. 35.

Noch ein sehr scheinbarer Einwurf. So manches Vorurtheil, so mancher Trugschluß, die ihnen auch bei Höhern und Bejahrten auffallen, und zwar erstere, auf die

Ge=

Gewohnheiten langer Jahre fest eingewur-
zelt — leztere, durch den vielen Gebrauch
so ganz zur Natur geworden. Ich könnte
mich hier hinter ein Distinguo, was ich
unter Höhern und Bejahrten eigentlich
verstehe, ganz leicht retten. Aber nein,
ich will selbst von dem erfahrensten, be-
dachtesten Manne, diese Vorurtheile und
Trugschlüsse ganz gern zugeben — wer
zahlt nicht das Schrankengeld des menschlichen Verstandes! Nur daß der Weise
das kleine Vorrecht noch behauptet, seltener als der Thor zu bezahlen.

§. 36.

Zur Nuzanwendung für uns. Sind
erfahrne, bejahrte Männer, Vorurtheilen
und Trugschlüssen unterworfen — wieviel
mehr der junge Mensch, der ohne Erfahrung, sich so leicht mit Vorurtheil als mit
Wahrheit vertraut macht. So leicht, daß
man beides zu unterscheiden bald unfähig
wird.

Erin-

Erinnern Sie sich auf jene Lügner von
Profession, die mit ihren Erdichtungen auf
einen gewissen Grad vertraut, am Ende
selbst davon getäuscht scheinen — eben so
wird man von Sophismen auf Sophismen —
immer weiter und weiter deräsonnirt, sich
ein Sistem bauen, aus diesem Prinzipen
abstrahiren, und nach ihnen seinen Handlungen die Richtung geben — mit seinem ganzen Wesen Vorurtheil und
Trugschluß werden.

§. 37.

Ich unterscheide hier: Vorurtheile,
die wir aus der Erziehung mitbrin-
gen; Vorurtheile, die wir von schlecht-
gewähltem Umgang annehmen; Vorurtheile, die wir eigenen Trugschlüssen
und Leidenschaften schuldig sind.

Erstere erhalten sich, wenn wir bis
auf den Grund unserer ersten Eindrücke
nachzuspüren, iede dunkle Vorstellung auf-
zuklären, träge, ewig Zöglinge bleiben —
was

was jeder an seiner Bildung selbst vollenden muß, als rückständige Wechselschuld unserer Erzieher ansehn.

Die zweiten sind die Vorurtheile, welche der Sophist und Räsonneur, der uns überall in den Weg trit, dem Unerfahrnen immer aufhängt. Sie werden von der zahllosen Menschklasse, die wie eine Kugel, von wem immer der ihre vim inertiae heben will, nach allen möglichen Richtungen sich hinstoßen läßt, so ziemlich mit zu Grabe genommen.

Vorurtheile aus eigenen Trugschlüssen, verschwinden, wenn wir nicht vorsezlich Vernunft und Herz verzärteln.

Eben so diejenigen, welche natürliche Folgen unserer Leidenschaften sind. Sie halten mit diesen gleiche Perioden, nehmen ab oder zu — wechseln ganz, alles genau wie die Leidenschaften selbst. Selten machen wir uns von ihnen los, ohne gewisse Umstände, die zur Vernunftrektifikation besonders günstig sind, als z. B. mit

D   seinen

seinen Vorurtheilen wo anrennen, wenn etwa Personen, von denen wir abhängen, mit uns nicht ebendieselben Vorurtheile haben — Vorgesezte sich nicht gleich des bessern belehren lassen. Glücklicher nun freilich, wenn ein Erfahrner uns auf halbem Wege begegnet, und wir weise genug sind, in seine Fustapfen einzulenken.

§. 38.

Daß diese Erfahrnen, eh sie weise wurden, selbst irrten — izt noch irren können, wäre so ziemlich der Einwurf des (§. 35.) wiedergekäut. Denn daß zu Zeiten auch Boten den Weg verfehlen, wer wird deswegen auf Kommando, in nicht genug oder gar nicht bekannten Gegenden, keine Boten herausrufen wollen? Allenfalls wird ein solcher Kolonnenführer doch früher gewahr, daß er irregeht, und er findet sich auch leichter durch einen Nebenweg auf die grosse Strasse zurück. Aber wo die Nacht sehr finster — ich will sagen, unser Verstand sehr be=

beſchränkt iſt, vorſezlich dem Führer die
Laterne zerſchlagen, Wahrheit weder ken=
nen, noch ſie ſuchen wollen — dieſes wä=
re nun freilich der lezte Grad von Ver=
blendung, mit der man, von Leidenſchaft
zu Leidenſchaft fortgetaumelt, endlich ganz
Thier wird.

§. 39.

Eine Maxime, die jedes Vorurtheil
gleich im erſten Keim vernichtet — alle
begünſtigt, wenn ſie vernachläſſigt wird,
iſt jeden Tag Rechnung mit ſich ſelbſt
zu halten. Könnte der ein guter Haus=
wirt heiſſen, der über Ausgab und Ein=
nahme kein Journal hält. — nicht die
Erforderniſſe mit ſeinen Kräften balan=
zirt? Steht auch nur zu vermuthen, daß
eine ſo zweideutige Oekonomie, nur we=
nige Jahre in Ordnung bleiben, kein
Mangel am Nöthigen ſeyn, und er Haus=
wirth ſeinen wahren Aktiv = und Paſſiv=
ſtand wiſſen wird? Oder würden Sie ten
für einen tüchtigen Offizier halten, der
höchſtens an Rapporttagen obenhin die

Haupt=

Hauptrubriken durchliefe, um die Dozie=
rung sich wenig bekümmerte, die Grund=
listen, das Kompagnieprotokoll nie über=
sähe? Und wenn ihnen dieser Oberfläch=
ler nun behaupten wollte, daß er seine
Kompagnie aufs innigste kennt? — Was
Sie von ihm denken, denken Sie auch
von jedem , der den Selbst = und Men=
schenkenner spielt, und bei dem doch, wie
ein Tag vorüber ist, des Todten nur sel=
ten gedacht — kaum da noch gedacht
wird, wenn er durch die Extremen sehr
angenehmer, oder sehr verdrüßlicher Zu=
fälle, auch dem Erinnerungsvermögen ei=
nes Windhundes sich eingräben müßte.

Freilich lebt der grosse Haufe — und
viele, die besser als der grosse Haufe seyn
sollten — so ganz auf gerathewohl,
ohne Pythagoras hin. Ihre Handlun=
gen zeigen es auch.

§. 40.

Ueber jeden Tag denn Rechnung mit sich
selbst gehalten — beim weckenden Morgen,
wie

wie beim kommenden Schlaf, in sich ge=
gangen: dieser Regel muß gefolgt wer=
den, oder aus ist's mit Selbstkenntnis.

§. 41.

In sich gehn, heißt was in Geist
und Herzen vorgegangen ist, vorgeht, und
vorgehn möchte, erforschen, beobachten,
beurtheilen.

Diese, in sich selbst gekehrte Beobach=
tung, hat jeden Gedanken, der uns durch
den Kopf fuhr, jede That, die ausgeführt
wurde, oder doch der Ausführung nahe
war, zum Gegenstand; aber eben deswe=
gen, weil die Rechnung so viele Titel hat,
muß sie auch täglich vorgenommen werden.
Täglich, sag' ich. Und zur Probe nur auf
drey bis vier Tage zurückgedacht, die man
aus Mangel der Muße oder des Willens,
keine Tagrechnung gehalten hätte — wel=
che Lücken in dieser Taggeschicht unserer
Handlungen, und noch mehr unserer Ge=
danken, werden wir da nicht anstaunen?

D 3   Un=

Unüberſehlich aber müſſen ſie bei dem wer‐
den, der Jahr aus Jahr ein kaum nach
Hauptrubriken ſkontrirt. (*)

Gewähren Sie hingegen täglich nur
einige Minuten dieſer Rechnung, und Sie
werden mit Rieſenſchritten in der Selbſt‐
kenntnis fortgehn. Es fällt für ſich auf,
daß die Art ſie vorzunehmen, ſo wenig
gleichgiltig als die Zeit iſt, denn, über
böſe Gemüthsregungen, wo wir uns
darauf ertappen, mit Nachgiebigkeit
wegſchleifen, aufſteigenden Begierden
nur kalten Widerſtand entgegen ſezen
— damit, mag Trägheit oder Zerſtreuung
zum Grunde liegen, wird der Nuzen ſeyn
wie die Arbeit — höchſtens oberflächlich.

§. 42.

(*) Lücken der Gedanken, noch mehr als der
Handlungen. Hiebei wohlverſtanden, und
(§. 7.) nicht vergeſſen : negative Hand‐
lungen beſtimmen nichts ; ſonſt möchte je‐
der zur Schanz Kondemnirte ſich einen ver‐
trauten Mann nennen, weil er, Dank ſei‐
ner Kette, während Strafzeit nicht de‐
ſertirt iſt.

§. 42.

Nur wenige Praktik hierin, wird Sie bald von der Wahrheit überführen: daß ohne Tagordnung, alles was von in sich gehn, beobachten, beurtheilen — hiemit Selbstkenntnis, gesagt ist, schwer von statten geht — diese Tagordnung vielmehr, als schon entworfen, voraussezt. Wer Stunden, Tage, Wochen durcheinander — so zu sagen in ein Kahos hinlebt, den schreckt schon die Mühe dieses Kahos auseinander zu wickeln, von dem blossen Gedanken der Selbsterforschung ab. Fächer denn — abgesonderte Rubriken für alles, wenn wir uns die Arbeit nicht vervielfältigen wollen.

Und so mein' ich unter Tagordnung: eine Stundeneintheilung, in die man verhältnismässig zu Zeit, Ort und Umständen, die gewöhnlichen Geschäfte des Tags sowohl, als das übrigbleibende Leere, neben einander aufführet.

Es

Es versteht sich, daß wo der Dienst unvermuthet abfordert, die Tagordnung eine Pause machen muß. Doch wird niemand so mechanisch seyn, für alles was Dienst heißt, nur eine Rubrik zu halten, bei so vielen Unterabtheilungen, die der Dienst macht, alles ohne Unterschied früher oder später vorzunehmen, sonst wäre das — Soldatensprache zu reden — ein sauberes Dienen.

§. 43.

Diese Tagordnung hat mannichfaltigen Nuzen. Schon das Wort zeigt es genug, wohin sie führet — Ueberschauen erfüllter und versäumter Pflichten.

Durch die Tagordnung klassifiziren Sie ihre Gedanken und Handlungen. Ich habe bei anderer Gelegenheit angemerkt, daß wer nicht seine Ideen zu klassifiziren weis, nie deutlich denken wird — eben so mit den Geschäften des Tags: wer diese nicht klassifizirt, wird sie nie deutlich übersehn, sich

sich bei dem mindesten Zufall in nichts
finden, immer eines mit dem andern ver=
mengen, eines um das andere vergessen,
manches nur darum ganz unterlassen, weil
er sich über das wenn nicht determiniren
konnte. Ein Geschäftsmann dieses Zu=
schnitts, heißt bei dem Vorgesezten ein
Konfusionsrath, und der leidende Unter=
geordnete sagt es im stillen, mit einem
schweren Seufzer nach.

Eine Parallelstelle so verfaßter Arbei=
ten zu haben, nur den Versuch gemacht
und alle Rubriken einer Stand= und Dienst=
tabelle, ohne Klassifikazion, wie das Loos
trift, hingeschrieben — schwer, in man=
chen Fällen fast unmöglich wird es ihnen,
die Gegenstände nur obenhin im Gedächt=
nis zu behalten, die Sie vorher, Zahl und
Verhältnis nach, so leicht überschauten.

§. 44.

Seine Anstalten fürs Künftige machen
— vorausdenken, überlegen, was man
thun

thun will; mit dieser Ueberlegung kann
ein junger Mensch nicht leicht auf schlechte
Handlungen gerathen. Immer führet die
Tagordnung diese Ueberlegung herbei. Man
hat die Gelegenheit Böses zu thun vor-
hergesehn; aber vorsezlich lügt doch nur
der abgehärtete Bösewicht, geht nur der
abgemergelte Schwelger, zum eckelhaften
Bedürfnis gewordener Wollust nach).

§. 45.

Die Wiedererinnerung des Guten
und Bösen, wird durch die Tagordnung
befördert. So wie wir unsere Beschäftigungen voraus ordnen, stellen sich uns die
ähnlichen Fälle, in denen die Moralität
etwan ausgeglitscht ist, mit einem war-
nenden Winke dar, oder bessere ähnliche
Fälle, erfrischen dem Gedächtnis, eine nüz-
liche Lehre oder Beispiel, aus guter Gesellschaft erobert — gar eine eigne schöne
Handlung.

§. 46.

§. 46.

Ueberhaupt — und hierin vereinigen sich all ihre übrigen Vortheile — wird durch die Tagordnung Thätigkeit erhalten, und durch diese Entschlossenheit.

Daß der Unthätige für sich eine Null in der Gesellschaft, und der Unentschloßne, durch seine Zweifel, die er auch andern mittheilt, weniger als Null ist, braucht als alltägige Erfahrungssache, keinen Beweis. Für uns selbst und für das gemeine Beßte, wünschen wir uns denn, thätig und entschlossen zu seyn. Sich eine Tagordnung entwerfen, ist blosser guter Vorsaz — sich daran halten, fordert es viele Thätigkeit — ungleich mehr noch Entschlossenheit, üble Launen oder gar Lieblingsneigungen, wenn sie mit dieser Thätigkeit ins Gedränge kommen, zu überwältigen, mit dem Glockenstreich Anlockungen und Begierden auszuschlagen, um Arbeiten, die diesen ganz genau entgegenwirken, zu ergreifen, oder fortzusezen.

§. 47.

§. 47.

In dieser Thätigkeit, in dieser Ent=
schlossenheit, liegt die Kunst des Selbst=
bemeisterns. Neuer Vortheil der Tag=
ordnung, wenn sie zum Erwerb einer der
ersten Geisteskräfte beiträgt, ohne welche
zwischen Mensch und Vieh, in Absicht auf
sinnliche Triebe, und Anwendung der ma=
teriellen Kräfte, kein Unterschied ist.

Den Begrif der Redensarten : der
Mensch führt ein viehisches Leben, das ist
ein Vieh von einem Menschen, genau
auseinander gesezt — immer den beson=
dern Fall in den allgemeinen verwandelt —
was bedeuten sie mehr als einen Men=
schen, der sich von Sinnlichkeit und
Leidenschaft dahin reissen läßt? Zum
Viehmenschen in diesem allgemeinern Ver=
stand, braucht es nun eben nicht einen
Besoffenen, der in der Kotlacke liegt, kein
vor Zorn rasendes Knäbchen, das man in
Bock spannen muß — mutato nomine
de te fabula narratur, feiner Schwelger,
beschäftigter Müssiggänger, bescheidener
Egoist;

Egoiſt; denn auch du ſucheſt nur Trieb und Begierde zu befriedigen.

Aus der Entſchloſſenheit zu urtheilen, mit der Leute dieſer Art den Plan ihrer Nichtswürdigkeiten verfolgen, ſcheint es zwar, daß man ihnen Thatkraft und Selbſt=bemeiſterung nicht abſprechen ſollte. Laſſen Sie ſich das nicht täuſchen, wenn ein ſolcher Märtyrer ſeiner Thorheiten, aller moraſchen und phiſiſchen Empfindlichkeit Troz geboten, Hiz, Kälte, Arbeit, Schimpf und Schläge aufnimmt. Das iſt ſo wenig Selbſtbemeiſterung, als der ein fecker Reiter iſt, unter dem das Pferd durch=geht. Nicht er hat ſich der Leidenſchaften — ſie haben ſich ſeiner bemeiſtert, ſtoſſen ihn durch iede Beſchwerlichkeit mit ſich fort, und reiſſen ihn endlich ganz in die erſt beſchriebene Menſchenklaſſe hin. Der Fall iſt tief, und doch ſo leicht möglich. Verſuchung, gereizte Leidenſchaft, gegenwärtiges, ſehr nahes Vergnügen, die Nachtheile ungewis oder doch entfernt; und dann nur einmal ſich nicht bemeiſtert — mehr braucht's wahrhaftig nicht, um nach

und

und nach zur sittenlosesten Sinnlich=
keit bis zum Viehmenschen sich herab=
zuwürdigen. Jeder, der nur wenig sich
und andere beobachtet, muß eingestehn,
daß dieses ganz genau die Naturgeschichte
des menschlichen Herzens ist.

§. 48.

Bemerken Sie izt, wie Thätigkeit,
Tagordnung, in sich gehn, Vorurthei=
le wegräumen, Umgang der Höhern
und Bejahrten — alles in einander
greift — kein Glied in der Kette fehlen
darf, wenn es uns nie an Veranlassungen
zur ununterbrochenen, stets regen Tugend=
liebe fehlen soll. Damit verglichen, was
von dem nach und nach in Abnahme der
Sittlichkeit, und Fortgang im Laster,
(§. 5. — 9.) gesagt ist; und jeder wird
tief den Blick in sich selbst kehren — sich
kennen, sich bemeistern wollen.

§. 49.

§. 49.

Nur fällt auf, daß diese Selbstbemeisterung schon geübte Thatkraft voraussezt — durch den auflodernden Entschluß:
ich will mich bemeistern, noch nicht er-
reicht wird.

Auf ein urplözliches: halt! richt euch!
werden ihre Leidenschaften gewiß nicht
stillestehn. Lange Disciplin muß vorher-
gehn, eh die Trupp auf das Kommando-
wort horcht; und eben so müssen auch die
Leidenschaften lang erst disciplinirt, in der
Gewohnheit zu gehorchen unterhalten werden, eh sie Vernunft annehmen. Und so
gewöhnen Sie sich nur früh in **Kleinigkeiten,** die ganz von Willkur abhängen;
genau dem ersten Trieb entgegen zu
handeln.

Unter Kleinigkeit und Willkur wird
hier verstanden, was dem ehrlichen Manne
klein und willkürlich seyn darf — in diesen versuchen wir's uns zu bemeistern;
in wesentlichen Pflichten ist nichts
Will-

Willkur, und nicht die Zeit zum Versu=
chemachen. Auch wär' es gefährlich, ohne
Proben im kleinen, es da zu wagen, wo
schon Neigung, Anlockung, Leidenschaft
entgegen argumentiren.

Können Sie glauben, daß der Mensch,
dem z. B. auf die Zunge fiel' zu sagen:
heut ist ein schöner Tag — überhaupt so
was das man ohnedies schon weis, oder
nicht zu wissen braucht; und der nach
dem zweiten Gedanken: ich kann schwei=
gen, es versuchen von der Selbstbemei=
sterung im kleinen mich zur Selbstbemei=
sterung im grossen hinauf zu arbeiten,
dem ohngeacht vom schönen Wetter re=
dete — können Sie glauben, daß der in
Gelegenheiten einen Einfall zu sagen, eine
vermeinte Beleidigung durch ein Bonmot
zu rächen, dem Hange zur Schmähsucht
nicht nachgeben — im Augenblick der
aufwallenden Leidenschaft seine Zunge be=
zähmen wird? Wie in diesem Fall, so in
andern. Der nicht in Kleinigkeiten, in
Sachen die an sich unbedeutend sind, sich
bemeistern — verläugnen kann, wird es

in

in Sachen von Wichtigkeit noch weniger. Ich habe mit Vorbedacht das Beispiel von der Zunge gewählt, weil doch von hundert Sottisen, die der Mensch begeht, immer neunundneunzig die Zunge herabrollen — Verhältnis, das man nicht mehr zu misantropisch berechnet finden wird, wenn man nur kurze Zeit hindurch seine Tagrechnung richtig zu führen belieben will.

§. 50.

Auch die Oekonomie gewinnt bei der Tagordnung. Der voraus überlegt, was er unternehmen will, nachberechnet, was er unternommen hat, der wird sein Geld nicht unnütz über das Fenster werfen. Doch — damit die Materien nicht noch mehr durch eingewebte Nebensachen getrennt werden — von der Oekonomie das mehrere an seinem Ort. (§. 79.)

§. 51.

Aber ein Mittel mehr zur Zufriedenheit muß schäzbar werden, worinn immer es

E

es liegen mag. Und hier, ob der Ordent=
liche oder der Unordentliche zufriedener
lebt, nur auf beide hingesehn, welcher
mehr das Gepräge der Zufriedenheit auf
seiner Stirne tragen — welcher in seinem
Hauswesen mehr, seinem Stande gemäs=
sen Ueberflus ankündigen wird? Unstreitig
doch der erste. Denn von einer solchen
Tagordnung, daß man mit dem Glocken=
streich dem Spielhaus u. s. w. zulauft, vor
Mitternacht nie zurückkehrt, ist es hier
nicht gemeint; wenn auch Lüderlichkeit ge=
gen Lüderlichkeit gehalten, an der Besse=
rung da weniger zu verzweifeln ist, als
bei dem, der heute so, morgen so — von
einem ins andere hintaumelt. Ersterer
nur in andere Umstände versezt — freilich
in solche zur Selbstprüfung besonders glück=
liche Umstände, von denen (§. 37) gere=
det wird — ist wenigstens einer Stun=
deneintheilung gewohnt; der Abentheurer
der zweiten Gattung muß erst seine Abnei=
gung für alles was Tagordnung heißt,
überwältigen — hat ein Hinderniß mehr
den Rückweg zur Vernunft anzutreten,
eines der kräftigsten Mittel weniger, sich

darauf

darauf zu erhalten. So wichtig — so
auffallend wichtig sind die Vortheile der
Tagordnung.

§. 52.

Das zweite Vorurtheil, so der Selbst-
kenntniß im Wege steht, liegt in den falschen Begriffen, die so viele Menschen —
immer die am meisten Sottisen begehn, und
zu weich sind nur zu versuchen, ob sie einer einzigen Meister werden könnten —
sich von Charakter, Temperament, Anlage und Neigung machen. Sie reden
von alle diesen, als Kräften, die ausser
dem Menschen liegen, ihn unwiderstehlich
dahinreissen. So hört man täglich den
Schwelger, den Ungestümmen, den Gähzor-
nigen, den Trägen u. a. wenn er eignem
Bewußtseyn und der Welt, den Fehler
nicht abläugnen kann, sich mit Temperament und Charakter entschuldigen — immer den Hofmeister seine Insuffizienz dem
Zögling damit aufbürden.

Zur

Zur Erläuterung nur einige Gegensäze. Ich liebe dieses Mittel Sophismen
zu beleuchten, weil aus der Betrachtung
was im gegenseitigen Fall entstehen müßte, der Irrthum sehr auffallend wird.
Ein treffender Gegensaz bricht auf den
halbwissenden, schönschwäzenden Gelehr-
samkeitsblenkler, der mit Wiz es gegen
Verstand aufzunehmen wagt, wie ein Kar-
tätschenschuß ein.

§. 53.

Doch die Frage war izt nur vom Temperament. Wär' es ausgemacht, daß
dadurch Neigungen und Handlungen
bestimmt werden, mit andern Worten
gesagt, daß alle Fehlerhaftigkeiten — den
Sprachrigoristen mag dieses Wort vielleicht nicht behagen, mir kommt es aber
so faßlich vor — daß alle Fehlerhaftigkeiten vom Temperament herrühren ; so
wär' es widersinnig und ungerecht, den
Menschen, der mir mein Haus verbrennt
oder meinen Freund entleibt, jemals zur
Strafe

Strafe zu ziehn — es war Rachgier,
Zorn, Temperamentsfehler also; und man
könnte, da durch Arzneimittel Tempera-
mente gestärkt, geschwächt, auch ganz um-
gestimmt werden, ihn höchstens etwa der
Fakultät übergeben.

Item, da das Temperament eines
sechzigjährigen, dem Temperament, so er
mit zwanzig Jahren hatte, nicht mehr
als sein Greisengesicht seinen Jünglings-
zügen gleicht — woher denn, daß aus
dem jungen Bonvivant ein Vieux debau-
che wird — ohne Kraft, doch der Wille
zum sündigen übrig bleibt?

Item, nähme Temperament nie ab,
änderte sich nie, wäre nie der Vernunft
untergeordnet — welchen immer von
diesen drei Säzen, oder auch alle drei
zugleich man annehmen wollte; so könnte
erstens kein Fall statt finden, daß ein
junger Mensch durch heilsames wo anrennen (§. 37.) gezüchtiget, durch er-
schwelgte Krankheiten von der vorigen
Lebensart abgeschreckt, oder durch Bei-

E 3 spiel,

spiel, Umgang, Lektür, noch aus der Er=
ziehung zurückgebliebene, gute Eindrücke
— was immer über kurz oder lang den
Thoren zurechte bringen muß — im vol=
len Lauf seiner Leidenschaften aufgehalten
würde. Zweitens, wenn Temperament
so ganz unwiderstehlich wirkende Kraft —
hiemit schlechterdings physische Impulsion
wäre; so müßte vermög den Regeln der
Physik, diese Kraft im ersten Augenblick
viel stärker als im zweiten, dritten u. s.
w. seyn, ausser man wollte sie ratione
inversa distantiarum quadratorum, wie
den Fall der Körper berechnen; und hier
entfiele dem Temperamentisten sein impo=
nirendes — wer kann für den ersten
Augenblick stehn! — das Lieblings=
wort, mit dem er sich täglich so manche
Sottise bepflastert. Denn Temperament
so unüberwindlich angenommen, könnt' es
um so weniger im ersten Augenblick sei=
nes vollen Entgegenstrebens überwältigt
— gar nie ein erster Trieb von Zorn,
oder sonst einer Temperamentskraft, wo
immer sich das Männchen befände, durch
Rücksicht der Personen und Umstände zu=

rück=

rückgehalten werden. Erfahrung lehret ganz das Gegentheil. Und all diese Ungereimtheiten, müßte man, die Unüberwindlichkeit des Temperamentes zu behaupten, im Angesichte dieser Erfahrung bejahen, die so manchen Helden eine starke Wahrheit, öffentlich und in geheim verschlucken sah.

Zugestanden aber, daß das Temperament überwunden wird — ob es dann dem ohngeachtet Fehltritte entschuldigt? Die Frage soll bald ihre Stelle zur Untersuchung finden — hier sag' ich einstweilen: nein.

§. 54.

Unter Charakter wird hoffentlich wohl jeder, in Beziehung auf's Sittliche verstehn, was unter Temperament in Beziehung auf's Physische verstanden worden ist: ausserdem würde beides für eins genommen, und ich hätte dann nur auf den vorigen §. zurück zu verweisen. Also

E 4

Mei-

Neigung, Gemüthsbeschaffenheit, insofern sie des Menschen sittliches Betragen bestimmen, doch unfehlbar.

Nun frag' ich, liegen diese in der physischen Beschaffenheit des Menschen, oder in der Vernunft, oder in beiden zugleich?

Im ersten Fall kämen wir schon wieder auf das Temperament zurück. Im zweiten Fall, wenn Charakter in der Vernunft liegt — von der Vernunft abhängt, und Charakter das sittliche Betragen des Menschen schlechterdings bestimmt ; so würde folgen, daß alle Moral zu nichts mehr taugte, als durch die Kommerzienzweige der Papiermühlen, Buchdruckereien, Verlagsgewölbe und Mäklerbuden, Geld in Umlauf zu bringen — daß die gegen den Knaben der lügt, zu rechter Zeit gebrauchte Ruthe, der gegen den Räsonneur ausgeholte Korporalstock, oder nach Standesgebühr auferlegte Profos, unbillige, zur Besserung der Menschen so ganz unnüz versuchte Mittel wären. Dem Heuchler

ler müßte so wenig möglich seyn, seine Gemüthsbeschaffenheit zu verstellen, als der Lahmgeschossene das Krumgehen verstellt. Kein Nackenbieger auf dem ganzen Erdboden mehr, der nach den Umständen und Aussichten, ad captandam benevolentiam, oder in der schon kaptivirten sich zu erhalten, auf gnädigen Wink was immer einen Charakter meisterhaft sich anlügen wird. Und endlich — zugegeben, daß Charakter in der Vernunft läge, von dieser abhienge, würde doch zugleich behauptet, daß aus Vernunftschlüssen keine Beweggründe gezogen werden könnten, den Charakter nach eingesehenen, erlaubten, löblichen Absichten zu bessern, zu vervollkommnen: mit andern Worten eben so viel, als — Vernunftschlüsse helfen der Vernunft zu nichts. In der That, eine lange Reihe Ungereimtheiten, die man behaupten müßte.

Im dritten Fall, daß Charakter von Temperament und Vernunft zusammen abhienge, oder in beiden läge, gelten auch

E 5 alle

alle (§. 53.) angeführte Gegensäze zu=
sammen.

§. 55.

Zur Gewohnheit gewordene Nei=
gungen — nichts anders läßt sich doch nicht
unter Charakter verstehn — bestimmen
den Menschen in diesem und jenem Fall;
aber sie sind darum kein Bestandtheil von
ihm — nicht Natur, welche zu ändern
man vergebens arbeitet. Noch hat man
nicht den Mann gesehn, der vom Jüng=
lingsalter bis zum Grabe hin, nach einer=
lei Maasstab den Werth der Dinge beur=
theilt hätte. Unsre Bedürfnisse verändern
sich, — mit ihnen das Urtheil vom Wer=
the der Güter, oder der Gegenstände un=
srer Neigungen, wir kommen von alten
Gewohnheiten zurück, und nehmen neue
an: also ändert sich der Charakter nach
den Umständen, entsteht und verschwindet
unter den Augen des Beobachters. Den=
noch hat man ihn mit angeborner, für
Gutes oder Böses entschiedener Fähigkeit
verwechseln können.

§. 56.

§. 56.

Ueberhaupt sind alle Anlagen des Menschen zweideutig. Gemüthskraft und Furcht, Tugend und Trägheit, liegen in ihren ersten Keimen neben einander: erst, wenn durch Erziehung oder Zufall entwickelte Begriffe dem schwankenden Wollen und Nichtwollen die Richtung gegeben haben, nennt man die Gewohnheit zu handeln, Anlage — angebornen Charakter.

Ich mag nicht über Worte streiten. Aber über alle Absurda (§. 53.) weggesehn, und einen angebornen Charakter zugegeben — was wäre Recht und Sitten damit abgewonnen, wenn doch jeder Charakter, den immer Sie sich denken wollen, gute sowohl als böse Gedanken und Handlungen wirkt — einerlei Hang, wie er in der Mittelstraße bleibt, oder in Ausmaaßen abgleitet, Tugend und Laster wird?

Stellen

Stellen Sie z. B. dem Stolzen gegenüber, seinen Gegenfüßler, den Kriecher —
izt von beiden Ausmaaſſen auf den Mittelpunkt eingelenkt, finden Sie den ſittſa-
men, beſcheidenen Mann, der weder mit
Worten noch mit Mienen mehr ſeyn will
als er iſt, niemand rebütirt, aber auch
nicht aller Welt ſklaviſch nachwürmelt.

Dieſen glücklichen Mittelpunkt verloren, arten alle Tugenden aus. Einige Beiſpiele können mich erläutern —
nebenbei noch andern Nuzen haben. So
iſt es ſchön, alles was gut und edel iſt
mit Wärme durchzuſezen, zu vertheidigen
— ein raſcher Schritt nur über die Grän-
ze hinaus, haben wir Unverträglichkeit,
Schmähſucht. Freigebigkeit wird erſt
Schwachheit, die dem Manne der impo-
nirt, nichts abzuſchlagen weis — Untugend, wenn Eitelkeit und Lobgier ihr auf
halbem Weg begegnen — Laſter ſo weit
endlich, daß Tartüfferei und Gewinnſucht
ſie veranlaſſen, Wucherer fromme Stiftun-
gen machen, Pachtjuden Geſchenke geben
können. Enthaltſamkeit verſäumt leicht,

durch

durch mäſſigen Gebrauch ſinnlicher Erqui=
ckungen und Ergözlichkeiten das Beiſpiel
zu geben, wie der Weiſe Erholungen ge=
nießt. Das war nur verſäumte Tugend.
Aber aus der Trägheit ſich und andern
Genuß und Freude zu gönnen, wird Man=
gel des Gefühls — das entſtandene Leere
erſezen Begierden — dieſe vermehren ſich,
und aus Armuth und Muthloſigkeit ſie zu
befriedigen, wird Geiz von der lezten Gat=
tung — bis zum Grade des Eckelhaften.

§. 57.

Alle dieſe Entfernungen vom Mittel=
punkt, wären denn nicht Natur, nicht
Charakter — zufällige, immer willkür=
liche Richtung, die man ſeinen Nei=
gungen und Thatkräften, was das mehr
und weniger betrift, gegeben hat. Und
ſo kann doch der Charakter eines Menſchen,
nichts in der Moralität ſeiner Handlungen
vermindern. In der That, ſo wenig die
Farben, mit denen der Maler unflätige
oder auferbauliche Gegenſtände malt, an
ſich

sich unflätig oder auferbaulich sind, eben
so wenig sind die Charaktere der Men=
schen an sich schlecht oder gut — ihre
Handlungen sind es, und das Beiwort
ist von der Wirkung auf die Ursache zu=
rückgekehrt.

§. 58.

Ich bin im Humor Säze zuzugeben,
bei denen der Beweis keine geometrische
Methode verträgt; und so will ich mit den
Männerchens, welche auf Unkosten von Tem=
perament und Charakter, all ihre Sotti=
sen privilegiren. — Tugend und Laster
zur blossen Vertragssache machen möch=
ten, so säuberlich als ich kann, verfahren.

Die Tropiken bestimmen die Morali=
tät, lehren sie uns, und was unter einem
Himmelsstrich Tugend hies, wird unter
dem andern für Laster gelten. Der Saz
mag für manches Menschengesicht gar tröst=
lich seyn. Nur Schade für all den Auf=
wand mit Temperaments = und Charakter=

ent=

entschuldigungen; denn seh' ich recht, so folgt hieraus: daß gar keine Tugend, gar kein Laster ist. Alles wie man will, so lang wir im Lande der **Philosophie** bleiben.

Aber einen Schritt nur herüber, giebt's eine peinliche Halsgerichtsordnung — da wäre nun freilich rathsam, sich um den Einfluß der Tropiken und des Klima's genau zu erkundigen. In diesen Gerichtsordnungen, scheint mir, liegt überhaupt ein grosses Geheimniß, Philosophen und Nichtphilosophen gleichen Weg zu führen. Die letzten, ohne es zu wissen, die ersten, ganz überzeugt, daß Charakter und Temperament unwiderstehlich wirket, ehren die Polizei; so gut oder schlecht immer das Klima sie gemacht haben mag, und nur selten sieht man einen Unwissenden, der keine Geographie versteht, in einem Lande, wo stehlen, mordbrennen, vergiften, weniger gleichgiltig sind, ein Opfer der Vertragsgesetze werden.

Leere

Leere Worte sind's denn, und Geschwäz, wenn behauptet wird, daß man seinem Charakter nicht entgegen handeln, seinem Temperament nicht widerstehen könne.

Warum sollte der Mann, der dem Galgen gegenüber kein Schurke seyn will, zwischen den sichern Wänden seines Zimmers Akten verfälschen, oder Goldstücke beschneiden müssen? Und der lüderliche Junge, den Temperament und Charakter von einer Ausschweifung in die andere fortreissen — warum bemeistert er sich unter den Augen eines Vorgesezten? Hat hier das Temperament Stunden, Tage, Wochen geschwiegen — warum sollt' es nicht auch Monate, Jahre — eine ganze Lebenszeit schweigen können? Nahe Gegenwart bürgerlicher und natürlicher Strafen, wirkt auch auf den Leichtsinnigsten. Beweis die ganze Feldzüge hindurch erprobte Enthaltsamkeit so Mancher, die sonst eben keine Tugendspiegel sind — aber die Möglichkeit einem Streifschuß zu begegnen, ex vita ante acta tödtlich.

lich werden kann, (*) reizt zu mancher=
lei Betrachtungen, die den stärksten Tem=
peramentsparoxysmus wegräsonniren.

§. 59.

Ein drittes Vorurtheil, welches den
Fortgang der Selbstkenntnis aufhält, ist
das wenige Anhalten vieler jungen
Leute, in der Prüfung ihrer Fähig=
keiten. Wo immer etwas nicht auf den
ersten Versuch gelingen will — schon ent=
schuldigt sich die Trägheit mit dem Man=
gel an Gaben. Zweite, dritte Arbeiten,
unternimmt man aus eigenem Antriebe
nicht. Auch suchte man zu wenig die Ge=
legen=

(*) Ueber die medizinischen Ursachen, warum
ein Streiffschuß tödtlich wird — und wie
viel die Beobachtung und Nichtbeobach=
tung der 10 Gebote, in der Kur verän=
dert — darüber möchte mancher alte Re=
gimentschirurgus schöne Observationen ge=
macht haben. F

legenheit seine Kraft an den Gegen=
ständen zu messen; daher, daß oft ein
glücklicher Zufall, entschiedene Kunstfä=
higkeiten in späten Jahren erst aus dem
Schlummer weckt, und woraus sich, da
doch die Welt nicht immer durch Zufälle
regiert wird — der Verlust für die Ge=
sellschaft berechnen läßt, wenn so man=
ches Musiker = Maler = und Baumeisterge=
nie hinter dem Pfluge geht, so mancher
gute Arm für das Vaterland in den
Kanzleien schläft.

§. 60.

Kein Unglücklicher in der Welt, als
der Mann, der außer seiner Sphäre lebt.
Denn, schlechterdings unbegabt ist doch
niemand. Auch der größte Dummkopf
nicht — Dummkopf hier für den niedrig=
sten, wie Genie für den höchsten Grad
— beide Ausmaaßen des gemeinen Men=
schensinnes angenommen, die Satire und
Schmeichelei beiseit, eine so selten als
die andere ist. Immer sehn wir, daß
die=

dieser niedrigste Grad doch hinreicht, le=
sen, schreiben und rechnen zu lernen. —
drei Kenntniſſe, die man ohne viel rä=
ſonnirt zu haben, nicht beſizen kann.

Selbſt die Menſchenvarietät, die ei=
ner andern Varietät (*) nach den ver=
ſchiedenen Mundarten, als Hausnarr, Ein=
falt, Jobel, Talkerl u. ſ. w. zur Kurzweil
dient, beweißt nichts wider den Saz;
denn nur Vernachläſſigung und Muthwill
hat dieſe armſeligen Geſchöpfe ſo äuſſerſt
elend gemacht, da Taubgeborne — hiemit
Stumme, und eben diejenige, die für die

F 2   Ge=

(*) Ein zweiter Linne möchte Mühe haben,
beide dieſe Varietäten richtig gegen einan=
der zu würdigen. Der Haushofmeiſter S.
G. legt alles, was Sie auſſer ihrem We=
ſen, an fremden Werth beſizen — den gu=
ten Einfalt ſelbſt mit eingerechnet — auf
die Wagſchaale, und macht damit die Va=
rietät ſeines Herrn über Tauſende, die ihre
Menſchheit vor allen Naturkündigern be=
weiſen würden, weit hinaufſteigen.

Gesellschaft erwähnter Reichen am mei=
ften gesucht werden — Dank sei es men=
schenfreundlicheren Anstalten, besser lesen,
schreiben und rechnen lernen, als mancher
gutorganisirte Junker es von hohen Schu=
len zu Hause bringt. Erfinden würden
sie diese Künste freilich nicht. Aber auch
das Pulver hätte von so viel hundert=
tausend wakern Männern, die damit her=
umschiessen — von so viel zwanzig ge=
lehrten Pyrotechnikern, die seine Gewalt
berechnen, vielleicht keiner erfunden, wie
das meiner Meinung nach so ziemlich
in der Natur ist; denn richtig berechnet,
braucht es zum Pulvererfinden, für so
viele Jahrhunderte nur einen einzigen
Kopf — gute Schüzen können wir in
keinem Jahrhundert zu viel haben.

§. 61.

Daß überhaupt, der nicht mit dem
Kopfe dienen will, die sonst in seinem
Körper zerstreut liegenden Kräfte herge=
ben müß, ist uraltes Weltrecht; und daß
er

er damit oft nur wichtiger für die Gesellschaft wird, eben so alte Erfahrung.

Ein Wort also über die Kopfgaben, mit denen man dient. Diese reduzieren sich so ziemlich, auf Gedächtnis und Beurtheilungskraft — was sonst noch hierüber in der Metaphysik steht, mag jeder dort nachlesen.

Aber betrachten wir doch den, der in allem was ernsthaft ist, weder eines noch das andere ankündigt, in jeder Schule auf der Extrabank saß — wie listig wird er nicht alles, was ihn im Genuß seiner lieben Faulheit erhalten kann, zu benuzen wissen — wie thätig seine ganze Seele auf Posserei und Nichtswürdigkeit hinheften. Mit vollem Recht zählt man Leute dieser Art, in der ersten Hinsicht den Dummköpfen zu, wenn sie es auch nur beziehungsweise, aus eigner Wahl für ein Fach — das Fach des Guten sind. In der zweiten Hinsicht, sollte man noch so gut kalkulirte Maliz, noch so fein ausgesonnene Rachbegierde, der

F 3   Ehre

Ehre der Tugend willen, nie für Verstand
gelten laſſen — die entweihte, herab=
gewürdigte Fähigkeit auf beſſere Ge=
genſtände lenken, oder will ſie dies nicht
— den Kopf von allen Geſchäften aus=
ſchlieſſen, und den Körper arbeiten
laſſen.

Ganz anders verhält ſich's, wo die
Gelegenheit zur Entwicklung der Na=
turgaben abgeſchnitten iſt, wie wenn
z. B. dem Schüler, der mit Antworten aus
eigenem Nachdenken mit ungelegenem
Menſchenverſtand beſchwerlich fällt, das
Ingenium ex cathedra abgeſprochen wird.
Dergleichen ſchlechte Subjekte bilden ſich
nachher oft zum verwundern aus, und
machen einen Fortgang in Künſten und
Wiſſenſchaften, der den Magiſter verdrüſ=
ſen muß.

§. 62.

Alles zuſammengenommen, folgt ſo viel:
daß vielumfaſſendes Gedächtnis, weitaus=
ſehender Verſtand, nicht in der höchſten
Voll=

Vollkommenheit unter Menschen statt fin=
det — das Antheil jedes Muttersohnes wer=
den kann, und daß ausser der Idealwelt in
der wirklichen Natur, nach Verhältnis
eines Feldmarschallstabs zu hunderttau=
send Feuerröhren, ein herrliches Gleich=
gewicht mit Austheilung der Gaben
für die beste Welt getroffen ist. Wollte
nur jeder die seinigen anwenden — die
ganze Summe würde mehr als hinreichen,
alles Gute zu stiften, was Pflicht; Ge=
fühl, Dankbarkeit uns abfordert, und wo=
von auch der dummste Mensch, innerhalb
den Gränzen seines Wirkungskreises, sich
richtige Begriffe zu machen fähig genug ist.

§. 63.

Gewohnheiten bis auf den ersten Ur=
sprung — an die Quelle zurück nachge=
gangen, und wir werden die Geschichte je=
des Vorurtheils, die ganze Folge von Irr=
schlüssen finden, mit denen man immer
nur Fehler des Temperaments, des Cha=
rakters und der Kopfgaben da hinplaudern

will,

will, wo man aufrichtig seyn, und Mangel des Willens eingestehn sollte.

§. 64.

Aus überhandgenommenen Gewohnheiten werden Laster — es könnten eben so gut auch Tugenden daraus entstehn. Ich kann, wenn ich aufmerksam auf mich selbst bin, das falsche Licht eines ersten Eindrucks gewahr werden, meine, auf diesen ersten Eindruck gebauten Irrschlüsse entdecken: ich kann, wenn ich zu sorglos, was in und neben mir geschieht, vorüberrauschen lasse, trügerischem Reize nahen unmittelbaren Glücks nachlaufen — einmal nur vom Zwange der Selbstbemeisterung mich losgesagt, von einer Nachgiebigkeit zur andern, kaum Irrthümer in meinen Vorstellungen, kaum Fehltritte in meinen Handlungen da sehn, wo mein ganzes Wesen schon Laster ist. So haben Temperament, Charakter, Gaben des Kopfes und des Herzens, sich unbemerkt auf böse Gewohnheiten gestimmt.

ſtimmt. Immer liegt in mir die Urſach,
daß ſie ſich nicht auf gute ſtimmten —
die Arbeit wäre gleich, nur das angewen=
dete Material macht den Unterſchied.

§. 65.

Kein Freipaß denn für Sottiſen mehr,
in dem ganzen Naturfehler, Charakter=
und Temperamentsgeſchwäze. Und ſo
müſſen wir, wenn wir nicht Sottiſen über
Sottiſen begehn — und auf eigene Rech=
nung begehn wollen, immer auf : ſich
ſelbſt ſtudieren, ſich ſelbſt hofmeiſtern,
Tagrechnung und Tagordnung halten,
Umgang der Höhern und Bejahrten
ſuchen — alle vorhin (§. 1. 13. 39. 43.)
zur Selbſtkenntnis empfohlene Maximen,
den Rückweg nehmen.

Auf dieſem Rückweg möchte nebenbei
auch die Wahrheit aufſtoſſen : daß wie
eine Moralität an der andern, ſo auch
eine Untugend an der andern hängt;
folglich der von einer Moralität ſich losreißt,

F 5   mit

mit der erſten Divergenzrichtung vom gol=
denen Mittelpfade ab, ſchon gegenüber dem
Frevler ſteht, der mit vollem Bewußtſeyn
fehlt, Gott und Tugend glaubt, Strafen
ahndet, und dennoch ſündigt — ganz ge=
nau der traurige Zuſtand, von dem ein
Weltweiſer, oder wenn's in unſerm verfei=
nerten Jahrhundert ſo zu citiren noch er=
laubt iſt — ein Apoſtel ſagt: et daemo-
nes credunt; et contremiſcunt. Er hat
mir, im vorbeigehn zu ſagen, noch ein
paar meiner Maximen hergeliehen. Ich
fürchte nun eben nicht vor der feinen Welt
auf dem Plagiat ertappt zu werden; ich
will aber dennoch aufrichtig geſtehn, daß
Sie alles was hier geſagt worden iſt,
ſchon in den Büchern der Sprüchwör=
ter, der Weisheit, Jeſus Sirach, in
den Evangelien und Briefen der Welt=
apoſtel, finden können. Körnichter nun
freilich ausgedrückt.

§. 66.

Und hier mein Konfiteor, warum
ich, was in jenen Büchern viel körnich=

ter

ter gesagt ist, im Brochürenton herab-
stimme.

Erstens. So viel ehrliche Leute, denen man mit einem: forscht euer Gewissen und dergleichen, nicht kommen darf,
leiden es doch ganz gerne, daß man ihnen
einen Pythagoras citirt, lassen der Maxime: überdenkt mit jedem Ende des Ta-
ges euer Verhalten, wenn sie dem Weltweisen auch so wenig als der Schrift folgen, doch Gerechtigkeit widerfahren.

Zweitens. Dieser Umweg schien mir
geschickt, Sie meine Zöglinge zu überführen: daß wahre, der Natur des Menschen anpassende, seine Handlungen auf
wahre Glückseligkeit hin bestimmende Philosophie, nur in diesem Urbuch aller Maximen und Sentenzen gefunden wird. Was
immer Sie in ihrem Leben ächte Moral
lesen und hören mögen, ist für jedem, der
nur die Mühe des Vergleichens nicht
scheut, doch nichts als periphrasirter
Schrifttext. Zu Zeiten aus ähnlicher
Absicht als die meinige periphrasirt; zu
Zei-

Zeiten auch von weniger aufrichtigen
Schriftstellern benüzt, mit modernen Wort=
fügungen verbrämt, in Duodezformat und
unter der Lieblingsparole von denkenden
Jahrhundert, herrschender Aufklärung,
Menschenkenntnis und Menschenliebe, als
neue, von der lezten Generation erst ab=
geläuterte Begriffe — heiligen und pro=
fanen Sittenlehrern unentdeckte Weißheit,
ausgegeben. Näher beleuchtet, und die
zufälligen Verzierungen weggewischt, nun
freilich eben das, was unter den abge=
nüzten Ausdrücken, Liebe des Nächsten,
Gebote Gottes u. s. w. von Dorfpfarrern
und Dorfschulmeistern, so oft und bieder
herabkatechisirt worden ist. Aber gestehn
Sie es aufrichtig — auch bei Ihnen hätt'
ich vielleicht weniger Eingang gefunden,
wenn ich Ihnen gut populär gerathen
hätte: Lesen Sie den Katechismus.

§. 67.

Daß kein Sittenlehrer noch Gesezge=
ber, unter Alten und Neuern, die Hand=
lungen

lungen der Menschen, in Absicht auf Pflicht,
gegenwärtige Ruh und künftige Glückselig=
keit — die Bande der Gesellschaft in Ab=
sicht auf öffentliche Sicherheit, gemeines
Bestes, Verhältnis der Unterthanen und
Regenten u. s. w. genauer, richtiger, billi=
ger bestimmt, als die h. Schrift; daß von
so viel andern Wahrheiten und Tugenden,
welche über die genannten, dieser Kodex
der Menschheit lehret, ihnen nichts be=
kannt war; noch weniger, daß sie die gan=
ze Sammlung aller, für allgemeine Ord=
nung und Glückseligkeit nothwendigen Ge=
seze, auf den einfachen, allen Menschen
begreiflichen, und doch alles umfassenden
Inhalt: Liebe Gott 2c. 2c. liebe deinen
Nächsten 2c. 2c. zu reduziren gewußt hät=
ten — alles dieses, wenn's nicht so wä=
re, dürft' ich es, gegenüber einem Heere
trauriger und wiziger, gelehrter und un=
gelehrter Offenbarungsverächter, so dreiste
behaupten, da jeder das Buch in der Hand,
mich des Gegentheils beschämen könnte?
Ich fürchte das nicht — fordere sie viel=
mehr alle, wie sie sind, aus: mir den
Weltweisen, Braminen, Barden, Skalden,

oder

ober was sonst noch die Weisheit für Zu=
schnitte gehabt haben mag, zu nennen, der
z. B. Vaterlandsliebe bestimmt — im
Kriege nur die Nation, nicht das ausser
den Reihen stehende Individuum anzugrei=
fen — dieses nie zu hassen, vielmehr zu
lieben, befohlen hätte? Noch willkommner
soll mir der Mann seyn, der Aufruhr ohne
Ausnahm als Uebelthat verwarf, der dem
Thron eine stärkere Stüze gab, als ihm
das Christenthum giebt. Diesen mir ge=
nannt; und ich baue der Philosophie einen
Altar auf.

§. 68.

Aus der Art Philosophie und Christen=
thum zu vergleichen — aus der Schä=
zung, welche von dem Urbuche göttli=
cher und menschlicher Weisheit gemacht
wird, können Sie kek auch ein neues
Merkmal hernehmen, die Höhern in Rang
und Jahren, nach dem strengsten Sinn
(§. 13.) auszunehmen, und für ihren
Umgang aufzusuchen. Die amtsmässige
Grimasse — Bart und Mantel, die der
After=

Afterphilosoph aushängen wird, muß Sie
nicht täuschen.

Für den hüpfenden Weisen, die mit
einem Einfall, der angstvolle acht Tage
im Souvenir getragen ward, und nun
doch unzeitig zur Geburt kömmt, geneigte
Zuhörer zu belustigen überkontent sind —
für diese warn' ich niemand — Wesen zu
lächerlich, als daß sie verführend werden
könnten.

Aber einen Pendant zu den Knaben,
der nicht übel passen möchte, und in unser
Metier gehört.

Merken Sie sich den Mann gut, wenn
Sie bei Gelegenheit auf einen Capitan'
spavento stoßen, der im Marketenderzelt wider die h. Schrift Mission hält
— immer werden Sie den Prediger, wenn's
gegen Batterien zu marschiren kommt, sein
Würgeisen ganz sauber in die linke Hand
nehmen, mit der rechten ans Herz klopfen,
und seine Actus contritionis so gut machen
sehn, als immer die Leute, die außer dem

Mar=

Marketenderzelt, noch einen andern Him=
mel glauben. Karrikaturen dieser Art
empfehl' ich besonders ihrem Beobachtungs=
geist — könnte nach der (§. 52.) gege=
benen Methode, ganz unterhaltende Ue=
bung werden. Unterdessen glauben Sie Er=
fahrungen, die jeder, der gedient hat, ma=
chen mußte, diese Spasvögel, die in Kaf=
feezeltern den Ton des Lachens geben,
lachen selten mit, wenn die Scharfmez=
ken brummen — da geht nur der Mann
mit Heiterkeit den Weg seiner Pflicht
fort, der schon eh Religion hatte, Zu=
versicht in sie zu zeigen für Ehre hielt,
ohne daß erst ein Kanonschuß seine Auf=
merksamkeit auf die drei Haupttugen=
den lenken mußte. Ich wenigstens sehe
nicht ein, warum man mit dieser Zuver=
sicht, dem Feind weniger abgewinnen —
weniger durch einen guten Gedanken zum
Ausschlag einer Sache beitragen sollte,
als ohne sie. Ist es doch natürlich, daß
man, mit sich selbst ausgesöhnt, und nur
mit seiner Pflicht beschäftigt, weniger die
Aufmerksamkeit theilen wird, als ein an=
derer, dem versäumte Zerstreuungen, Egoi=
sterei,

sterei, Ehrgeiz, Handwerksneid, oder gar
der noch ernsthaftere Gedanke auf aller=
hand medizinische und chirurgische Rezi=
pe's, in die Quere kommt, oft durch na=
he Naturbedürfnisse herbeigeführt wird,
Und nicht immer sind die bereuten Kräfte
durch Kriegsfatiken verloren gegangen,

§. 69.

So überhaupt von der Karrikatur
bis zum hohen, gottähnlichen Tugend=
haften, Brüder und Nachbarn im Rei=
che der Schöpfung beschaut — Arten
und Abarten verglichen — beide dann
auf unsern eigenen Maasstab redu=
zirt, legt man sich Menschenkenntnis
bei — jedem Stande, und Ihrer Bestimmung insonderheit, nöthige Wissenschaft,
(§. 2.)

Es ist anfangs gesagt, und bisher er=
klärt worden, was vor der Menschen=
kenntnis vorausgesezt wird.

G   Sind

Sind wir fähig von uns selbst aus:
zugehn, (§. 41.) haben wir von eigenen
Vorurtheilen uns losgemacht — in der
That, so werden wir eben keine Karavane;
mit forschenden Naturkündigern, durch alle
vier Welttheile anstellen müssen, um zu
beurtheilen, wozu die Summe Menschen,
die in unsern Wirkungskreis mit verfloch=
ten sind, fähig und nicht fähig seyn möch=
ten. Zahlen und Nullen — alles wie
wir das zu Hause fanden, bleiben von
Neustadt bis Philadelphia die zwo einzi=
gen Rubriken des Reisejournals. (*) Aber
wie

(*) — Narren und Kluge meinetwegen, wenn
    Sie ihr Buch nur für eigenen Hausge=
    brauch halten.

Und hier im Vorbeigehn, eine Sprachbemer=
    kung. Wir haben die Menge Nennwör=
    ter, um Laster zu bezeichnen: Schurke,
    Schelm, Narr, Schwelger, Hurer z. B.
    wo wir die entgegengesezte Tugend aus=
    zudrücken, Umschreibungen, oder Beiwörter
    gebrauchen müssen, bei denen Mensch ent=
                                    weder

wie man Zahlen stellen — wie mit Nul=
len ausfüllen soll, ist bei der Menschen=
rechnung keine schwere Frage mehr —
schwerer in vielen Fällen zu bestimmen,
was Zahlen oder Nullen sind.

§. 70.

Im Grundstof sind die Menschen
alle sich ähnlich — immer einerlei Ma=
terial; aber Erziehung oder Nichterziehung,
hat das mehr und weniger in ihren phy=
sischen und moralischen Bestimmungen, so
mannichfaltig verarbeitet, daß auch nicht
einer dem andern ganz gleicht.

G 2   Bei

weder zugesezt, oder doch unterverstanden
wird. Ist dieses, daß man von Natur lie=
ber schimpft als lobt, und daher weniger
Worte zu loben, als zu schimpfen braucht?
Oder ist es Ehre des Nationalgeistes, der
gegen den Unglücklichen, der seiner Mensch=
heit — der Tugend untreu wird, mit dem
ehrenvollen Namen Mensch auch sparsamer
umgeht?

Bei dem so verschiedenen Maas der
Kräfte — bei der noch mehr verschiede=
nen Anwendung derselben, wird es schwer,
wenigstens allzuweitläuftig, vom einzelnen
Menschen auszugehn — jedes Individuum
zu studieren: wir müssen aus so viel ein=
zelnen Beobachtungen, allgemeine Maas=
regeln für die Menschheit überhaupt
abstrahiren — mit diesen von der
Menschheit auf das Individuum zu=
rückegehn. Für den allgemeinen Maas=
stab der Menschheit, nimmt nun freilich
jeder sich selbst an. Ueber seine Kräfte
— über das was er von seinem eignen
Wesen kennt, hinaus, wird er nichts be=
urtheilen: kann er vernünftigerweise was
mehr, als sich an die Stelle anderer
versezen, sich in ihre Lagen — gegen=
wärtige und vergangene, denken?

§. 71.

Gegenwärtige und vergangene Lagen.
Leztere sind entscheidender, wirken stand=
hafter auf die Denkungsart. Diese ersten
In=

Jugendeindrücke — Folgen guter,
schlechter, oder gar keiner Erziehung
— vereiteln oft allen Einfluß der gegen=
wärtigen Umstände: entweder, daß sie den
Weisen über unverdientes Geschick hin=
wegsezen, oder im Parvenü, Troz der Er=
hebung der Seele , die Amt und Glück
ihm geben sollten, das Unedle der durch=
krochenen Beschäftigungen nicht verstecken
lassen. Ich will hier nicht untersuchen,
ob das Blut des Majoratsherrn, vor dem
Blute des Findelkindes, einen natürlichen
Werth hat. Aber Härte hat der erste —
wenige Ausnahmen abgerechnet, die Mut=
ter = oder Hofmeistersünden sind — doch
nur selten ; wenn der Korporal, weit über
den Korporal hinaus , oft noch völlig
Korporal ist — Menschen, die glücklicher
als er geboren sind, verfolgt, weil sie ih=
ren Weg mit weniger Mühe machten.

Dieses alles gesagt, ohne jemand da=
mit herabzusezen. Ich wollte nur bewei=
sen, wie wichtig die Rücksicht auf Er=
ziehung und Herkunft, in der Men=
schenwürdigung wird. Ist es schwer zu

ge=

gedenken, daß auf vernachläſſigte Bildung
ſchöne Thaten folgen ſollen — deſto ruhm=
voller der Mann, der ſie dennoch thut —
ſie ganz aus eigenem Verdienſte thut.
So im gleichen Verhältnis Verachtung
für den Junker, der all ſeinen Werth im
Familienbegräbnis hinterlegt hat.

§. 72.

Ich verweiſe hier auf alles zurück,
was (§. 13. 14. 15.) von Höhern in
Rang und Jahren, beiſpielgebenden
Jünglingen und ihren Gegenfüßlern,
mit noch andern dahin einſchlagenden Ge=
genſtänden (§. 21. 23. 24. 28.); von Vor=
urtheilen (§. 37.); von Abnahme der
Sittlichkeit (§. 47.); von Tempera=
ment und Charakter (§. 52. 53. 54.
55.); von Ausmaaſſen und Mittelweg
(§. 56.); von Prüfung der Fähigkei=
ten und Mangel an Gaben (§. 60. und
folg.) geſagt worden iſt.

§. 73.

§. 73.

Was das **Physische** des **Menschen** betrift, braucht es — von Obſervationen, die in das mediziniſche Fach einſchlagen, abgeſchnitten — nicht viel Beobachtungs= geiſt, um zu bemerken, daß ein verzärtel= ter, täglich ſich noch mehr verzärtelnder Weichling, kein Grenadierſchlag iſt.

Kopfgaben, ſind eben ſo a poſteriori nicht ſchwerer zu beurtheilen.

A priori irrt man ſich hier leicht. Die Urſachen, warum der Mann, der al= len Umſtänden nach Verſtand haben ſollte, ihn nicht zugleich auch mit dem Doktor= hute, von der Fakultät erhalten hat — dieſe Urſachen ſind oft ſo verwickelt, ſo ſchwer auseinander zu legen, daß ſie et= was mehr als einen Neuling im Weltlau= fe vorausſezen. Bis Sie, für die ich ſchreibe, nöthig haben, Menſchen a priori zu beurtheilen, mag ihnen folgendes Bei= ſpiel, Fingerzeig auf künftiges Menſchen= ſtudium ſeyn. Ob der Gemeine P. ein

G 4 tüch=

tüchtiger Gefreiter seyn wird? wäre im
engesten Verstand a priori zu beurtheilen,
weil aber der Gefreite so nah am Gemeinen steht, so nimmt man's für Erfahrung an, daß sich aus dem Gemeinen
ein Gefreiter machen läßt. Ob der Gemeine P. mit der Zeit ein guter Feld=
wäbel seyn könnte, ist schon schwerer —
ob er es, gleich izt dazu ernennt, schon
seyn wird, ist gar kizlich zu bejahen —
kaum mehr Sicherheit dabei, als bei der
Wette auf den Verstand, den ein deut=
scher Graf mit seinem Abbe zu Paris
holen soll.

§. 74.

Die meisten Vorsteher gehn mit ih=
ren Maasregeln, Menschen von Menschen
zu unterscheiden, nicht tiefer ein. Immer
glücklich genug für die Welt, wenn nur
in der Beurtheilung, wozu ein Indivi=
duum für den gegenwärtigen Fall anzu=
wenden wäre, die Kennzeichen nicht ver=
wechselt sind. Ob im Rath, durch lange
Gewohnheit der Geschäfte, sich endlich
doch

doch die Fähigkeit zum Sekretär entwi=
ckeln möchte — kurz, was vom Man=
ne weiter zu erwarten ist, auf welche
Gegenstände man ihn leiten, durch welche
Mittel seine Thätigkeit rege machen wird
— dieses zu berechnen, muß man sich ganz
in seine Umstände versezen, sich in seine
Seele denken. Und hiemit doch nur Wahr=
scheinlichkeit. Nicht einmal ein hoher
Grad von Wahrscheinlichkeit; da Men=
schengeist so mancherlei Eindrücken offen
steht — in so unerwartete Schwachheit,
oft in eben so unerwarteten Seelenschwung
abändert!

Ungleich sicherer gelingt es, nach die=
ser Wahrscheinlichkeit, die Gesinnungen,
und aus ihnen werdende Thaten, einer
ganzen Menschenschaar zu berechnen —
sie durch geschickt angelegte Triebfedern,
auf vorausgedachte Absichten, hinzulocken,
hinzureiſſen, hinzufeſſeln. Ein: Mir nach!
giebt einer ganzen Armee nur einen Geist,
und nur einen Arm; gewis aber wäre
mancher von den Helden schwermüthiger
an den Feind gegangen, wenn man ihm

G 5

ein=

einzeln seine Schuldigkeit gepredigt hätte.
Die Geschichte, und neben uns die tägli=
che Erfahrung, bieten genug ähnliche Bei=
spiele dar. Ich begreif' es leicht, wenn
ich die Menschen sich alle, ähnlich anneh=
me, daß der Rechner einen Grundsaz, den
er aus seinem Herzen nahm, unter der
Anzahl von tausenden, wieder zu finden
sicherer ist, als bei dem einzelnen Manne,
der nun eben eine Ausnahme von diesem
Grundsaz machen kann. Auch muß nicht
vergessen werden — der Feldherr, der die
rasche Einladung machte, parirte keinen
Kanonenschuß, mit der Entfernung von ei=
nigen 1000 Schritt aus.

§. 75.

Beispiel, und ein mächtiger Fin=
gerzeig auf Erfolg und Wirkung hin
— damit macht man die Leute fortschwär=
men, denen das räsonniren langweilig
wird. Geht unser Führer mit? — das
fragen alle; und wo kommen wir hin?
doch die meisten.

§. 76.

§. 76.

Die Zukunft denn, so lachend als möglich ausgemalt — einen wohlgesezten Ankündigungszettel vor die Schaubühne hingepflanzt, und bei dem Werbhause ja nicht den Korporalstock, Eisen, Charpie, und Amputationsinstrumenten ausgehängt! Vor sich hin räsonnirt jeder noch; rückwärts nur der neun und neunzigste.

Daher wird es so wesentlich die Menschen mit den Wirkungen der Dinge zu beschäftigen — über ihre Ursachen sind sie ungemein gutherzig.

Nicht gar tief in die Vorzeit zurück zu gehn, schickte noch ein Professor seine Zuhörer, aus der Experimentalphysik gar gelehrt nach Hause, wenn sie wußten: daß dies und jenes ex lege attractionis, propter vim centripetam, centrifugam u. s. w. geschieht. Izt indem ich schreibe, beruhigt mehr als ein Arzt seine Kranken damit, daß er ihr Uebel einen Nervenzustand, Unordnung in den ersten Wegen, gehemmte
te

te Zirkulation u. s. w. tauft. Und takti=
sche Bücher kommen zur zwoten Auflag,
die beweisen, daß wenn man den Feind
in Rücken und Flanke nimmt, man ihn
aufs Haupt schlägt; und daß in so und
soviel Minuten 40 Battaillons, in so
und soviel Kolonnen getheilt, aufmar=
schiren können und sollen, damit immer
eine Truppe durch die andere soutenirt
werde. (*)

§. 77.

Nach allem, was bisher von Selbst=
und Menschenkenntniß, in der Ordnung
und ausser der Ordnung gesagt worden ist,

soll'

(*) Für die Physiker, Medifer und Taktifer
zur Beherzigung.

Es war einmal ein Mann, der war Haupt=
mann, und explizirte seinen Leuten, daß
wenn sie dieses Mouvement machen wür=
den; so würde u. s. w. Co ge toMuweman,
van Feldwäbel? fragt ein Refrut — Mu=
weman ge Muweman erwiederte der Feld=
webel; und der Refrut sagte — aha!

sollt' ich so höflich seyn, und alle weitere
Anwendung dem Kopf und Herzen ei=
nes jeden überlassen. In der That auch,
der diese Anwendung nicht machen könnte,
wäre so wenig ein durchdringender Kopf,
daß Menschenstudium nie sein Fach ist —
er würde mit den Formuln, die man ihm
kommuniziren wollte, doch lediglich quak=
salben. Menschenkenner dieser Art haben
wir ohnedies schon zu viel.

Aber aus Ursachen, die ich in petto
behalten will, doch einige Abstraktionen
und Hausmittel — wie das kommen
mag durcheinander — für Denker und
Nichtdenker — für Mutterkinder, die so=
lang sie können mitlaufen, und Glück und
Zufall (S. 81.) anbeten, und für Athleten,
die sich Stärke genug fühlen, eigenem
Geist einst Beförderung und Verdienstru=
hen zu danken.

§. 78.

Erstens, eine kleine Erläuterung noch,
über das sich in fremde Umstände versezen
— sich

— sich in die Seele eines andern denken.
Hier würden Sie am kürzesten durchschnei=
den, wenn Sie nur immer an die bekann=
te Regel : quaecunque vultis ut faciant
vobis homines, et vos facite illis, in ih=
rem eigenen Betragen sich halten — nach
dieser Regel, je nachdem sie ihr mehr oder
weniger folgen, auch andere beurtheilen
wollten, ob diese mehr oder weniger Men=
schen sind. Freilich ist es schon wieder
ein Schrifttext. Aber ist es doch mein
Fehler nicht, wenn eben dieser Text, der
einmal als wahr erkannte Maxime die
weiteste Ausdehnung, und die richtigste
Bestimmung giebt. Willen und Mittel zu
wirken, werden hier genau unterschieden,
und ihre Verhältnisse gegeneinander abge=
würdiget, bleibt bei der Zeitungsgerechten
Wohlthätigkeit des Fürsten nichts mehr,
als bei der vergeßnen Hilfleistung des
Bauers übrig. Man wird nach Verhält=
niß der Mittel seinen Grundsaz verfolgen
— man wird den Stärkern, der mehr
leistet, nicht beneiden; man wird den
Schwächern, der weniger vermag, nicht
verachten.

Zwei=

Zweitens. Was immer es seyn mag, das auf eine Summe Menschen, auf ganze Gesellschaften die Wirkung macht, die es auf einzelne Glieder nicht haben würde — genug, wir sehn es täglich, wie mächtig der Strom sich fortreißt, wenn der Lauf der Bäche bei dem kleinsten Aufenthalt, sich in neue Krümmungen verliert. Wir wollen das, zunftmäßige Denkungsart, Esprit de corps nennen. Um eine Menge Menschen nach sich zu beurtheilen, wäre denn die erste Frage : ob unter den vielen eine solche zunftmäßige Denkungsart vorhanden — jeder kleine Bach schon in den Strom geleitet ist, oder ob man ihre Wasser aus so mancherlei Labirinthen erst sammeln müßte? Im ersten Fall hätten wir viel Arbeit erspart. Im zweiten Fall gilt nur die Wahrscheinlichkeit : was wird auf die meisten, oder doch auf diejenigen wirken, welche die meisten mit sich fortreißen? — dieses müssen wir in uns selbst finden, oder es sind Lokalausnahmen da.

Drit=

Drittens. Nehmen Sie die Menschen, genau wie sie heuer 1781. sind, auch für die Jahre 1782. und weiter hinaus an — kurz nach sich selbst und nach der Erfahrung, wie sie von jeher waren und wahrscheinlich bleiben werden, nicht nach den frommen Wünschen, wie wir sie haben wollten. Daher, daß die Romanleser sich selbst und andere so oft im schiefen Licht erblicken.

Viertens. Klassifiziren Sie die Menschen nie nach ihren Fehlern. Das Gute herausgehoben, wenn es darum zu thun ist, jemand anzuwenden; denn seine schwache Seite wird er daneben allezeit haben, und nur immer auf diese den Blick hingeheftet, würden wir nicht einen brauchbaren Mann in der Welt finden. Ich sage dieses von wahren Fehlern, vom Menschenfeind z. B. der deswegen doch ein sehr erfahrner Rechenmeister seyn kann; nicht von Fehlern, die blos aus schiefer Anwendung entstehn, wenn dem Schneiderjungen die Taue, dem Schifknecht die Nadel in die Hand gegeben wird. (§. 59. 60.)

Fünf=

Fünftens. Wie zu schnell entschie=
den, in unsern Beurtheilungen. Aus
tausend Ursachen, kann der einzelne Mensch,
um den es zu thun ist, heute ein ganz an=
derer Mensch seyn, als er gestern war,
und der Esprit de corps kann unter einer
Gesellschaft sich auf beßre und auf schlech=
tere Gegenstände lenken — langsamer zwar;
denn wie er nicht auf einen Tag gestiftet
wird, so nimmt er auch nicht so plötzlich ab.

Sechstens. Das weite Feld aller
Endursachen, die Menschen einschläfern
und aufmuntern, aufhalten und weiter=
bringen, abziehn und festhalten, theilneh=
men und nicht theilnehmen machen, fleis=
sig überschaut — all diese Mittel einfach,
oder unter sich versezt, angewendet, haben
Sie die Methode, Lieb und Furcht zu
geben. Und daß beides vereinigt seyn
muß, erproben vom Vicegefreiten über den
Fähnrich hoch hinauf, alle Vorgesezten.
Täglich macht übelverstandne Güte tausend
gute Absichten mislingen: mit dem ode-
rint dum metuant aber, bringen die pol=
ternden Alten in der Komödie, und die

H   frei=

kreiſchenden Feldwebel in der wirklichen
Welt, kaum Augendiener zuwege — Leute,
deren Sklavenblick und Sklavenſitte nie ver-
läugnet, von wem ſie ihre erſte Bildung
erhielten.

In der Miſchung der Mittel liegt
meiſtens das Geheimniß. Sehn Sie auf
den Weg zurück, den man mit ihnen ſelbſt
gegangen iſt, wenn Sie glücklich genug
waren von Männern, die ſelbſt Erziehung
hatten, ihre Erziehung zu erhalten — beobachten Sie Ihre Vorgeſezte, wenn Sie
Vorgeſezte verehren, nicht blos ihnen folgen müſſen — im ſchlimmſten Fall, wenn
alles Sie verläßt, kehren Sie zu dem
glücklichen Umgange zurück, der Ihnen ſo
oft empfohlen worden iſt, (§. 13. folg.)
und holen Sie daraus Beiſpiel und Lehre.
Ich weis am beſten, warum ich auf dieſes menſchenſegnende Bildungsmittel ſo
viel vertraue — mit ſo warmen Herzen,
ſo oft und ſo laut darauf zurückkehre.

§. 79.

§. 79.

Jzt, von andern wieder auf uns selbst zurückzukommen, folgende Hauslehren. Sie könnten zwar aus dem Vorhergehenden leicht abstrahirt werden; aber Mangel an Fertigkeit ihren Maximenvorrath anzuwenden, läßt junge Leute beim Eintrit in die Welt so manchen falschen Schritt machen — Misverstand übertreibt auch das Gute so leicht, daß bei Warnungen dieser Art kein Detail überflüssig, selbst die Wiederholung verzeihlich wird.

Zur Sache.

Erstens. Werden Sie nie der Lobredner, und auch nicht der Freund der ganzen Welt.

Lob ist doch allemal nur geäusserte Zufriedenheit, über den Geist, oder das gute Herz des Gelobten — urtheilen Sie nach diesem Maaßstab von dem Grad Impertinenz, wenn ein Buchdedizirer die Regierung seines Monarchen billigt, oder

ein

ein Fähnrich nach dem Manöuvre seinen
Obersten komplimentirt. Nur stille Ehr-
erbietung war hier am rechten Ort. Mit
dem Rauchfaß im Paradeschritt gegen Höhere aufmarschiren, ist Unsinn — Unsinn noch
mehr, wenn man dieses Rauchfaß auf Niedere herabfallen läßt, daß es Kopfwun-
den schlägt.

In den Freundschafts = und Dienstan-
bietern, sieht die Welt längst nur Geken,
die aus Langeweile reden. Dem wahren
Freund thut es allzuwehe von Gesinnungen zu reden, die er durch Thaten nicht
erproben kann — kann er es; so lassen
diese Thaten ihn nicht zum Wort kommen.
Natürlich darf man mit dieser Denkungsart, seinen Wirkungskreis nicht sehr erweitern. Jeder Mensch hat nur seine be-
stimmte Summe von Mitteln, mit denen
er andern helfen kann — Souverainsd'or,
Protektion, Verstand, Thätigkeit, u. s. w.
je mehr er mit dieser Summe philantro-
pisirt, je kleiner fallen auch die Theile
aus, die er zu verschenken hat — bei
dem Universalisten in der Freundschaft so
un=

unendlich klein, daß nicht einmal gemeine
Menschenliebe mehr übrig bleibt — aus
der Gewohnheit allen helfen zu wollen,
und sich wenn der Fall da ist, gegen alle
zu entschuldigen, endlich Fühllosigkeit ge=
gen jedes fremde Leiden wird.

Hieraus jedoch keinen Misverstand in
Absicht auf jene wahrhaft allgemeine Men=
schenliebe — Liebe des Nächsten, wie sie
der Dorfschulmeister lehret. Allen hel=
fen ist Geschick eines Gottes : keinem
schaden Pflicht des Menschen.

Zwe .ens. Daß, was anfangs Eifer
für Tugend und Wahrheit ist, im Kriti=
kastergeist, Schmähsucht und persönliche
Anzüglichkeiten ausarten kann, ist anders=
wo (§. 56.) bemerkt worden. Ich habe
nur hinzuzusezen, daß ein junger Mensch,
in den meisten Fällen viel Veranlassung
zum Schweigen finden muß, wenn er be=
denken will: wie wenig er mit all seinen
Kritiken zur Verbesserung der Sache bei=
tragen wird — wie viel, wenigstens ent=
fernt und zufällig, dem ehrlichen Manne

scha=

schaden kann, dessen guter Name so eben
dem erleuchteten Cercle zur Plünderung
preis steht. Der Witz des Tadlers ist
so gemein, daß sich der ehrliche Mann
schämt ihn zu haben. Mögen die Reit=
knechte sich mit der Bemerkung erquicken,
daß ein Bataillon die Front nicht hält —
der Kenner, der sagen darf: Pittore sono
anch'io, verweilt lieber da, wo das Man=
uvre zu gelingen scheint.

Drittens. Der Paroxysmus schöne
Gedanken — unterweilen auch Pro=
jekte — an Mann zu bringen, hat
gleichfalls schon seine Stelle gefunden.
(§. 23.) Schlagen Sie dort nach, verglei=
chen Sie damit den vorigen Artikel, und
mit einem richtig abstrahirten mutatis mu-
tandis, kommen Sie wohl selten in den
traurigen Fall, über die wenige Nachsicht
zu klagen, mit der man ihnen, was Man=
gel an Erfahrung war, für Mangel an
Kopf aufrechnet.

Viertens. Verschieben Sie nie auf
morgen, was heute verrichtet werden
kann.

kann. Mit Schuldenmachen in Geschäf=
ten, wie in Geldborgen, verwickelt man
sich von einem Rückstand in den andern,
die Zahlungen vermehren sich in dem Ver=
hältnis, als wir uns mehr eingeschränkt
finden genugzuthun. Ueber die Folgen
versäumter Pflichten, und vernachläßigter
Tagordnung zurückgedacht, werden Sie
fühlen, wie nothwendig es ist, mit Mi=
nuten zu wirthschaften, um Zufälle
hinter sich zu bringen, auf die in der
Rechnung nicht angetragen war.

Fünftens. Eben diese Langsamkeit,
die im Briefwechsel, und überhaupt in Ge=
schäften, so sehr derangirt, machen Sie sich
zur Regel in ihren Geldausgaben, um sich
dort nicht zu derangiren. Nichts kau=
fen, als was man baar bezahlen kann,
wäre die nächste Folge dieser Langsamkeit.
Ferner, Einnahm und Ausgabe richtig
aufschreiben, immer voraus denken,
was man zu dieser und jener Zeit brau=
chen wird. Gemeiniglich kommen wir so
ganz equipirt in die Welt, ohne viel zu=
rück zu denken, woher das alles gekommen

$\mathfrak{H}$ 4   ist;

ift; es braucht bei der neuen Ausstaffirung
wenig Reparatur; und so nehmen wir bei
Verwendung der ersten Monatgagen, meist
nur gegenwärtiges Bedürfnis und Vergnügen zum Augenmerk — was Wunder, wenn
auch der Wirthschaftlichste, mit Anfang
des zweiten Jahrs, ohne alle Zufälle, die
doch immer möglich sind, durch bloße noth-
wendige Anschaffungen in stecken geräth.
Vom Lüderlichen nichts zu sagen — dieser lernt ohnedies alles aus Erfahrung.

Bei dieser Gelegenheit muß ich Sie
auf einen Ritterorden erinnern, der den
Weltrekruten immer die Honneurs
macht. Weichen Sie mit guter Art den
Herren Kameraden aus, die eben auf den
Tag, da Gage fällt, sie vorzüglich zu Ga-
ste, oder auf eine Spielparthie bitten,
gegen den 15ten des Monats für Sie nicht
zu Hause sind, und gegen den 28ten hin
mit ofner Börse Kredit antragen — es
sind, was immer sie sonst ankündigen,
doch Gegenfüßler derjenigen, in deren Umgang Sie sich ausbilden werden.

Sech=

Sechſtens. Auch der Polterer (vergl.
§. 68.) iſt nicht Ihr Mann. Man lacht,
wenn gewiſſe Leute, weil ſie keinen andern
haben, ihren Heldenmuth in fluchen und
ſchelten ſezen. Es läßt ſich aus Theorie
begreifen; und ſie mögen einſt die Erfah=
rung machen, wie ohne Teufel und Hölle,
ihre Abtheilung den Schritt halten, und
ſo ganz ohne Gottesläſterung eine Schanze
geſtürmt werden kann. Ich warne Sie
vor Gewohnheiten — ſie legen ſich lang=
ſam ab, und nehmen ſich unvermerkt an,
wenn manchmal ein ſonſt wakerer Soldat
damit das böſe Beiſpiel giebt.

Siebentens. Laſſen Sie überhaupt
ſich nicht vom Nachahmungsgeiſte da=
hinreiſſen. Es iſt der Fehler ihres Alters
gern zu kopiren, und leider! erhält das
Schimmernde, Glänzende, ſelbſt das Bunt=
ſchekigte, vor Wahrheit und Natur oft
den Vorzug. Aber auch nur Raphaels
und Corregio's kopirt, wird der Ma=
ler niemals ein wahrer Künſtler wer=
den, wenn er ewig kopirt — nie aus

H 5   dem

dem Stil der Meister, indem er in ihm
die Natur findet, sich einen eigenen macht.

Achtens. In der Lektüre — von
deren Nothwendigkeit ich niemand hier
erst überzeugen will — muß kein Vor⸗
urtheil, nur Gefühl und Wahrheit un⸗
sre Wahl entscheiden. Keine Prädilek⸗
tion denn für den Taschenformat, die vor
allem was Foliant und Quartant ist, als
vor Ungeheuern zurückstaunet — in der
engen Kompendien⸗ und Brochürengelehr⸗
samkeit, die Bestimmung des Menschen
sezt. Beurtheilen Sie die Bücher, wie
die Menschen, nach dem guten Rufe nur.
Viel lesen macht weder klug noch ge⸗
lehrt; aber über das Gelesene viel den⸗
ken, seine Bemerkungen zu Papiere
bringen, eine kleine Registratur über
seinen Fortgang halten — dadurch wird
Verstand und Gedächtnis in Athem gesezt
— wir fühlen was uns noch abgeht, was
wir nachholen müssen, und lassen Dinge,
die einmal schon vor unserm Geiste vor⸗
übergiengen, uns nicht für neue Entdeckun⸗
gen aufbürden. Eine solche ist die Ge⸗
lehr⸗

lehrsamkeit des Denkers, weit ent=
fernt von Exzerptensucht und Wahl=
spruchpedanterei. Uebrigens will ich die
Absichten beim Lesen, dem eigenen Pflichts=
gefühl eines jeden überlaffen : ob er sich
unterrichten, oder nur unterhalten;
sich sättigen, oder nur seinen Appetit
reizen; sich stärken, oder nur abkühlen
will? Alles nach Zeit und Bedürfnis.
Bei einer gutbesezten Tafel, darf auf Zu=
ckerbeckerei und Obst so wenig, als auf
nahrhafte Speisen vergeffen seyn — nach
gleichem Gesäz, werden in einer Bibliothek
Klaffiker aufgestellt, und auch Brochüren
nicht ausgeschloffen. Nur will ich einer
Misdeutung vorbeugen, der das Wort,
schöne Wiffenschaften, nicht selten unter=
liegt. Wer ehret sie nicht — wer läßt
ihrem ausgebreiteten Nuzen nicht Gerech=
tigkeit widerfahren, wenn man darunter,
Theorie des Schönen und Guten in der
Natur und Kunst, Alterthümer, Geschich=
te, Beredsamkeit und Dichtkunst — alles
in seiner wahren Bestimmung versteht?
Aber unterscheiden Sie wohl hievon, eine
Art wilder Belletristerei, die den Na=
men

men ufurpirt, und die Beſtimmung der
ſchönen Wiſſenſchaften durch ihre Entfer=
nung von der Moral, entehrt — dieſe
kann weder als Speiſe, noch als Nachtiſch
dienen — nur Futter für Geſchöpfe wer=
den, die zu ſtark ſind ſie einer Moral zu
unterwerfen.

<h2 style="text-align:center">§. 80.</h2>

Ich habe hin und wieder lebhafte Aus=
brücke gebraucht; aber ich darf mir ver=
ſprechen, daß Sie meine wahre Theil=
nehmung an Ihrem Glück nicht ver=
kennen, folglich, was mich bewog zu
ſchreiben, und — ſo zu ſchreiben, ganz
einſehen. Dem ohngeacht will ich mich
ihnen nicht aufdringen. Aber bitten, will
ich Sie, liebe Zöglinge, wie ein Vater
bittet — verſuchen Sie es, bei ihrem
Eintrit in die Welt nur wenige Wo=
chen, ob die hier gegebenen Warnun=
gen und Maasregeln, Sie nicht mit=
telbar oder unmittelbar, auf Nuzen,
Vergnügen und Selbſtzufriedenheit
führen müſſen?

§. 81.

§. 81.

Meine Wünsche für Sie, die hier leb=
hafter erwachen, erinnern mich auf einen
Misverstand, den zu beleuchten in der
That wichtig wird, da aus bloſſem Irr=
thum über dieſen Punkt, die Söhne ſo vie=
ler wakern Männer, die weder am Kopf
noch Lenden lahm geboren ſind, für die
Geſellſchaft unbrauchbar, und ſich ſelbſt
zur Laſt, in der Welt herumſchweben.

Dieſer Misverstand liegt in unſern
Vorſtellungen von Glück und Unglück.

Schon die Redensarten: ſein Glück
ſuchen, ſein Glück verfolgen, zeigen es,
daß die Menſchen ſich eine Zufriedenheit
auſſer ihrem Herzen, und unabhängig von
ihrem Willen träumen, weil ſie das me=
dium videndi für das Objekt — wenn
das nicht zu trivial geſagt iſt — den Rock
für den Mann nehmen. In dieſes me=
dium videndi — in die Umſtände zu ge=
nieſſen, muß ich mich freilich verſezen;
aber was ich im Genuſſe ſelbſt empfinde,

geht

geht doch gewiß nicht auſſer mir vor. Da=
her ein ſo verſchiedener Blick, mit dem
dieſer und jener Menſch einerlei Becher
trinkt. Nichts weniger, als daß gleicher
Stand, gleiche Einkünfte, gleiche Geſund=
heitsumſtände, immer auch zween Glück=
liche, oder zween Unglückliche machen müß=
ten — da ſeh' ich einen überaus zufrie=
denen Vicekorporal, neben einem wirkli=
chen Korporal, der äuſſerſt misvergnügt iſt;
und wenn ich beider Minen recht entziffre,
ſo macht die ſo ſimple Urſach, daß dieſer
aufwärts, jener abwärts rechnet, den
ganzen Unterſchied. In dieſem Fall, und
glauben Sie mir, in jedem andern, wäre
denn Glück und Unglück — Berechnung.

Ich bin weit entfernt, daß ich damit
die ganze Menſchheit zum Taglöhnerſtande
herabkalkuliren wollte. Der ſeine Mittel
zu genieſſen, nicht zu erweitern ſucht, iſt
meiner Art zu denken nach, kaum werth
ein Thier zu ſeyn; aber bei dem lebhaf=
teſten Ausbreitungsgeiſte, ſeinen Begier=
den Stillſtand gebieten, iſt eine Noth=
wendigkeit, in der jeder Menſch, vom Bett=
ler

ler bis zum Könige hinauf, sich befindet, und das mehr und weniger von Weisheit, womit er sich zu bemeistern gelernt hat, wird den Grad seines Glücks bestimmen. Also doch immer Gemüthsruhe, die nichts was auſſer uns iſt, geben kann. ‒

Auch nicht ſo ganz rauben — ſelbſt nicht immer unterbrechen. Denn, was man insgemein Unglück nennt, iſt unſerm eigenen Weſen nicht ſo fremd, als wir gern glauben machten — faſt immer uns ſehr nahe verwandt, das Kind unſerer Thorheit. (vergl. §. 28.) Ich meines Orts bin ſo aufrichtig zu geſtehn, daß wenn immer ich in meinem Leben unglücklich geweſen bin, ein naher oder entfernter Fehler unterlag; ich bin aber auch ſo ſtolz zu glauben, daß andere, wenn ſie dem Diogenes nicht vorſezlich ausweichen, eben das geſtehn müßten. Daß man ſehr elend ſeyn könne, wenn man natürliche und zufällige Beraubungen, zu erſezen zu träge, und zu ertragen zu weichlich iſt — dieſes will ich niemand abſprechen. Auch

der

der Menschengattung, für die ich nicht
schreibe, (§. 27.) glaubt man es gern,
daß sie nach standhaft verfolgten Plan ih=
rer Kreuzfahrten, sehr unglücklich gewor=
den ist: in jedem Falle aber ist wahres,
unwiederbringliches — allein unerträg=
liches Unglück, doch nur — Mangel
an Weisheit.

Esamina, rifletti, e poi risolvi!

METASTASIO.